BUNGA RAMPAI:
KUMPULAN PILIHAN PUISI LIMA BELAS PENYAIR TAIWAN

transpacific archipelago poetics & poetry

BUNGA RAMPAI:
KUMPULAN PILIHAN PUISI LIMA BELAS PENYAIR TAIWAN

Chi Hsien, Chou Meng-tieh, Lo Fu, Yu Kwang-chung, Ya Hsien,
Wu Sheng, Lee Yu-cheng, Chen Li, Tee Kim Tong, Walis Nokan,
Chen Ke-hua, Tang Juan, Chan Tah Wei, Jing Xiang Hai, Yang Chia-hsien

Penterjemah | Chong Fah Hing

Reka Bentuk Kulit | Eunis Ko
Grafik & Atur Huruf | Dawn Hsieh

Diterbitkan oleh | Center for the Humanities, National Sun Yat-sen University &
                    Diaspora / Modernity Research Unit, DFLL, NSYSU
                    70 Lienhai Road, Gushan Dist., Kaohsiung, 80424 TAIWAN
Dicetak di Taiwan oleh | Sin Wang Pai Co. Ltd.
                    1st Fl., 163, Andong Street, Sanmin Dist., Kaohsiung, TAIWAN

NTD 300 / RM 40

Cetakan Pertama, September 2022

ISBN 978-626-95583-6-0

*Penerbitan buku ini mendapat sokongan dana Projek Southbound Chinese and Cultural
Interpretation: Humanities Salons in Taiwan, Malaysia and Singapore (NSTC, TAIWAN)*

KANDUNGAN

Chen Li (1954-)

Tee Kim Tong (1956-)

KATA PENDAHULUAN

Terjemahan Kesusasteraan Taiwan ke bahasa Melayu seringkali diabaikan oleh penterjemah. Namun khalayak pembaca Mandarin di Malaysia tidak berasa asing terhadap karya Kesusasteraan Taiwan. Dari satu segi ia disebabkan oleh faktor siasah. Dari segi lain pula, ia membayangkan khalayak Sastera Melayu tiada keinginan untuk mengenali wajah sastera tersebut. Dari tahun 1987 sehingga kini, Kesusasteraan Moden Taiwan yang sempat diterjemahkan ke bahasa Melayu hanya tiga judul sahaja, masing-masing ialah novel Li Ang berjudul *Bunuh Suami* (terjemahan Chew Hock Thye, 1987), *Antologi Cerpen Malaysia-Taiwan* (2014) dan *Perjalanan Malam: Kumpulan Cerpen Pilihan Taiwan-Malaysia* (2017).

Dalam usaha yang terbatas, terjemahan *Bunuh Suami* dan *Perjalanan Malam: Kumpulan Cerpen Pilihan Taiwan-Malaysia* adalah terhasil dari inisiatif badan bukan kerajaan. Penglibatan badan kerajaan secara terus dari kedua negara hanya bermula pada tahun 2017. Adalah jelas ia terkait dengan ketiadaan hubungan dua hala secara rasmi antara kedua-dua negara. Justeru itu, inisiatif dari kalangan badan bukan kerajaan kedua-dua negara menjadi amat penting dan terdesak. Umpamanya pertubuhan suku-sakat Tionghua *(Chinese Clan Association)* dan penerbit swasta di Malaysia, serta projek penterjemahan yang didorong oleh universiti-universiti di Taiwan dan persatuan penyelidik disiplin berkaitan. Inisiatif kedua-dua pihak memainkan peranan mecetuskan penterjemahan budaya dan sastera Taiwan-Malaysia.

Penterjemahan dan penerbitan kumpulan ini adalah satu lagi percubaan selepas buku *Perjalanan Malam: Kumpulan Cerpen Pilihan Taiwan-Malaysia.* Penterjemahan puisi khususnya penterjemahan puisi sehala, yakni puisi Taiwan ke bahasa Melayu, melambangkan ia bebas daripada pemahaman stereotaip masyarakat Cina Malaysia di mana penterjemahan tidak dapat tidak seringkali terkait dengan usaha pertukaran budaya. Dalam situasi penterjemahan antara negara pada masa kini, tujuan dan cubaan terjemahan barangkali terkeluar dari jangkaan mitos tersebut.

Daya keterangkuman sosio-budaya Taiwan adalah fakta yang tidak perlu dipertikaikan lagi. Dalam rentetan sejarah selama beratus tahun, budaya Taiwan secara urutan terdominasi oleh kuasa Tanah Besar China, Jepun dan Amerika Syarikat.

Digandingkan dengan budaya peribumi tempatan, ia telah mencorakkan suatu bentuk budaya pasca kolonial yang unik, berwarna-warni, toleran, terbuka dan progresif. Tatkala kebanyakan negara Dunia Ketiga masih terbelenggu dalam hegemoni budaya pasca kolonial sesudah kemerdekaan, Taiwan telah berjaya melepasi ujian tersebut, akhirnya meniti sebatang jalan yang cukup mengkagumkan. Fleksibiliti dan daya cipta yang cemerlang di pihak Taiwan bukan sahaja terserlah dalam bidang sains dan teknologi, malah diterjemahkan ke dalam kehidupan budaya dan penulisan. Ekspresi Sastera Taiwan telah memberi banyak contoh yang unggul kepada kebudayaan Cina dan penulisan sinofon di Malaysia *(Malaysian Sinophone literature)*. Gejala tersebut dapat ditelusuri dalam karya kumpulan pilihan ini.

Kumpulan ini merangkumkan lima belas penyair dari beberapa generasi dan memaparkan gaya penulisan serta perspektif estetika yang berbeza. Memetik kata sarjana sinologi bernama Michelle Yeh, "Sebahagian puisi Mandarin yang terunggul sepanjang abad kedua puluh adalah dari Taiwan. Sejarah puisi moden Mandarin Taiwan mengisahkan sebuah pengalaman tentang peralihan dari garis marginal ke *avant-garde*" (Göran Malmqvist, Michelle Yeh & Xiang Yang [Penyelenggara], 2001: 26) Selepas tahun 1949, sejak Tanah Besar di bawah pemerintahan China merah, ideologi dan siasah didahulukan dalam penulisan sastera. Klasik merah yang mewarnai Sastera Tujuh Belas Tahun meninggalkan parut yang cukup jelas dalam jangka masa tersebut. Walaupun Sastera Taiwan di bawah pemerintahan opresif regim Kuomintang, namun ia tetap menikmati serba sedikit kebebasan menulis selagi tidak menginjak garisan merah politik. Pada tahun 1950-an, puisi Taiwan menerima pengaruh modenisme Barat serta perkembangan pesat persatuan puisi, ia telah membawa nafas baharu ke alam perpuisian Mandarin Taiwan. Malah pada tahun 1960-an ia berkembang lebih pesat lagi. Chi Hsien, Chou Meng-tieh, Yu Kwang-chung, Ya Hsien, Lo Fu adalah antara beberapa penyair penting pada peringkat ini. Di samping menukilkan nostalgia terhadap kampung halaman, pada masa sama penyair cuba meneroka hubungan antara puisi dengan falsafah, puisi dengan muzik.

Pada ketika Sastera Taiwan berusaha mencorakkan subjektiviti kendiri, telah muncul sejumlah penyair lokal. Mereka prihatin terhadap tanah yang dipijak serta langit yang dijunjung. Puisi golongan tersebut sarat dengan perasaan kecintaan terhadap tanah ibu, berbaur dengan sentimen sejarah yang kental. Kelompok penyair ini termasuk Wu Sheng, Chen Li, Walis Nokan. Dari tinjauan sejarah masa lampau, penyair kelompok ini ketemu identiti diri sekali gus rasa milik pada tanah kelahiran. Puisi mereka memberi kesempatan kepada pembaca untuk menikmati pesona tanah ibu Taiwan yang simpel tetapi tetap anggun. Ia juga membuka ruang untuk mendirikan asas yang lebih beragam dan terbuka untuk perpuisian Taiwan pada era pasca undang-undang darurat. Umpamanya puisi Chen Ke-hua merupakan renungan terhadap pengalaman batiniah, perasaan penyair terkawal dan bersifat implisit, gaya persembahannya pula matang dan berbobot. Tang Juan pula memaparkan kelebihan bahasa puisi yang lincah menangani alam maya dan realiti, lalu menyuguhkan stail yang aneh, namun menjanjikan mutu. Jing Xiang Hai memanfaatkan bahasa rutin untuk menyusun bait puisi. Karya beliau sarat dengan kenakalan, suka-ceria serta unsur lucu. Sentuhan Yang Chia-hsien berlegar antara gaya lembut si dara dan keras sang jejaka. Adalah jelas bahawa puisi generasi baru telah menyaksikan perkembangan perpuisian yang mantap.

Ketika Perang Dingin masih rancak pada tahun 1960-an, disebabkan kekangan di tanah kelahiran, sekumpulan penyair muda Kesusasteraan Mahua terpaksa berhijrah ke Taiwan untuk melanjutkan pengajian tinggi. Jiwa mereka berkelana antara tanah kelahiran dan perantauan, sehingga mencorakkan psikologi diasporik. Penulis kumpulan ini telah melakarkan landskap penulisan sinofon kontemporari yang amat istimewa. Bermula dari tahun 1960-an, terlahir sekelompok penyair-penulis, sebahagian mereka pulang ke tanah kelahiran sesudah bergraduat, sebahagian pula menetap di perantauan. Ada segelintir pula menetap kemudian pergi. Namun begitu, mereka tetap adalah bahagian yang tidak dapat dipisahkan dari arena Kesusasteraan Mahua. Penulisan mereka mencatatkan pengalaman masa lalu di tanah kelahiran, tak kurang terkandung pengalaman Taiwan yang mematangkan. Mengalir dan merentas sempadan menjadi simbol kumpulan penulis tersebut. Kini ia menjadi simbol yang sangat istimewa dalam arena penulisan sinofon semasa. Kepenyairan Lee Yu-cheng pada masa belakangan masih tak henti-henti menyuguhkan persoalan identiti dan dialektika rasisme. Di samping itu, Lee tetap gigih mencari kepastian untuk menjawap punca perseteruan antara manusia sehingga berlaku peristiwa yang amat tragis dalam sejarah manusia. Tee Kim Tong pula akrab dengan sentuhan modenisme. Namun, beliau berupaya menggandingkan dengan realiti di tanah kelahiran. Puisi Tee sarat dengan maksud tersirat. Renungan kepada jalan yang pernah dilalui dan ditempuhi tak lekang dengan keluhan dan nada sedikit kecewa. Chan Tah Wei mahir dalam penulisan genre puisi epik. Beliau memanfaatkan masa silam untuk memetaforakan masa kini. Walaupun penyampaian tersebut adalah asas untuk pengembangan tema, ia juga adalah teknik pengolahan. Pendek kata, ia tidak terlepas dari kesinambungan masa lalu ketika beliau mula menyentuh tema penulisan semula sejarah Nanyang pada peringkat awal penulisan puisi.

Berkesempatan dengan ini, penulis ingin merakamkan jutaan terima kasih kerana berkat sokongan "Projek Bahasa Cina Selatan dan Penyebaran dan Interpretasi Budaya" (Southbound Chinese and Cultural Interpretation: Humanities Salons in Taiwan, Malaysia and Singapore) di bawah kelolaan Prof. Ko Chia Cian, Jabatan Kesusasteraan China, Universiti Nasional Taiwan, penterjemahan dan penerbitan kumpulan ini akhirnya menjadi kenyataan. Rasa penghargaan dan terima kasih juga kepada para penyair kerana memberikan persetujuan untuk menterjemah dan memuatkan karya masing-masing dalam kumpulan ini. Walau bagaimanapun, sebarang kelemahan dan kesilapan penterjemahan adalah tanggungjawab penterjemah.

CHONG FAH HING

18 Ogos 2022

Rujukan

Chen Li & Zhang Fenling (2013) *Taman Bahagia Puisi: Kupasan 120 Buah Sajak Moden*. Edisi Kedua (Tainan: Toko Buku Nan Yi).

Chong Fah Hing & Tee Kim Tong (Penyelenggara) (2017) *Perjalanan Malam: Kumpulan Cerpen Pilihan Taiwan-Malaysia* (Kuala Lumpur & Tainan: Empress Culture & National Museum of Taiwan Literature).

Li Ang (1987) *Bunuh Suami*. Terj. Chew Hock Thye. *Utusan Mingguan*, 3 April 1987-14 Mei 1987. (42 keluaran)

Malmqvist, Göran, Michelle Yeh & Xiang Yang (Penyelenggara) (2001) *Kumpulan Pilihan Puisi Taiwan Abad 20* (Taipei: Rye Field Publishing Co.).

Taipei Chinese Center, PEN International & Institut Terjemahan dan Buku Malaysia Berhad (2014) *Antologi Cerpen Malaysia-Taiwan* (Kuala Lumpur & Taipei: ITBM & PEN International). [Terdapat terjemahan versi bahasa Inggeris, bahasa Cina dan bahasa Melayu dalam tiga jilid berasingan.]

CHI HSIEN

Chi Hsien (1913-2013), penyair lelaki. Nama sebenarnya ialah Lu Yu. Dilahirkan di Daerah Qing Yuan di Wilayah Hebei, China pada 27 April 1913. Lulusan jurusan kesenian dari Sekolah Kesenian Ikhtisas Suzhou. Berhijrah ke Taiwan pada tahun 1948, dan pernah menjawat jawatan editor ruangan tambahan akhbar harian *Pingyuan Ribao*, guru Sekolah Menengah Cheng Kung sehingga bersara pada tahun 1974. Dua tahun kemudian beliau berpindah dan menetap di Amerika Syarikat. Demikian penyusun *Kumpulan Pilihan Sepuluh Penyair China Kontemporari* mengulas puisi beliau, "Tema puisi Chi Hsien rencam, cara pengolahan beliau juga istimewa. Puisi beliau mempunyai sifat yang tersendiri. Stail penulisan berubah-ubah. Pengolahan imejan selalu menyaksikan kemajuan luar biasa. Dari segi pemilihan diksi pula ia memaparkan ciri-ciri komedi. Beliau pernah menyusun angkatan penulis modernis dan menafirikan pembaharuan puisi. Usaha beliau sangat membekas dalam mendorong perpuisian modenisme di China." Beliau telah menghasilkan antologi puisi berjudul *Lagu Semenanjung* dan sebagainya.

Berkendara di Muka Bumi

Berkendara di muka bumi,
seorang diri,
menghayun tinggi tongkat hitamku,
menghentak kuat
muka alam yang keras lagi dingin,
agar insan yang berehat di sebelah sana
bisa mendengar bunyi sayup-sayup,
maka ketahuilah kewujudan diriku.

Mata Kekasih

Mata kekasih:
hitam dan ayu.

Bulan September,
hujan komet zodiak leo.

Ilmu Psikoanalisis Menghisap Rokok Daun Himpit

Berkepul naik dari paip rokokku
sekuntum awan berbentuk cendawan,
seekor ular,
sebuah pelampung keselamatan,
dan seorang perempuan bogel.
dia sedang menari, sembari menyanyi;
yang didendangkan ialah kebanjiran sebatang kali yang kontang,
serta habis tertewas sebuah liga mimpi.

Tujuh dan Enam

Tangan memegang tongkat 7
bibir menjepit paip tembakau 6

Angka 7 mirip bentuk tongkat
angka 6 mirip bentuk paip tembakau
maka aku pun mengunjung tiba.

Tongkat 7+paip tembakau 6=13 itulah diriku

Seorang sang penyair. Seorang genius
adalah genius dalam kalangan semua genius.
Sebuah angka yang paling malang!
Ya, sebuah tragedi.
Aku datang tragedi oh tragedi.
Lalu kalian bertepuk tangan, dan bersorak.

Pingat

Bulan adalah pingat Li Bai.
mawar pula adalah pingat Rilke.

Rakan sezamanku,
ada yang menggantungkan coli atau celana dalam wanita
ada juga menggantungkan nihilisme dan sebagainya.

Tapi aku, tiada apa-apa yang boleh dipamerkan.

Lalu aku menggantungkan
    tak seberapa cantik,
    tak pula comel,
    malah sedikit pun tiada keharuman menggiurkan,
        sedikit pun tak terasa agamnya
sebiji skru kecil cuma.

Kerana aku adalah sebiji komponen,
    aku adalah sebiji komponen, kecil-kecil belaka.

Kremasi

Umpama selembar surat yang sarat tertulis,
terbaring dalam sebuah sampul kertas kraf,
dipakukannya dalam sebuah keranda tipis;
kemudian bagaikan surat dimasukkan ke dalam peti mel,
disumbatkan melalui pintu pembakar mayat.

    Kesimpulannya, persis sepucuk surat,
ditempelkan sekeping stem,
diturunkan cop,
lalu dihantar ke sebuah negara di kejauhan.

Gerakan Solo Seekor Serigala

Aku seekor serigala yang bergerak sendirian dalam hutan belantara.
bukanlah nabi, tak sekali-kali mengeluh.
namun kerap dengan lolongan lanjut yang menyerikkan
menggegarkan lengang alam yang kosong sekosong-kosongnya,
menyeramkan alam laksana terjangkiti malaria;
malah angin sejuk menggigit, berpanjangan
inilah yang dikatakan nikmat.

Sang Pengukir

Gundah dan risau pengukir alamiah
yang sukar ditemukan.
setiap senja, dia pun mengunjung.
Menggunakan sebatang pahat yang ghaib
memahat lebih dalam kedut didahiku;
kemudian menokok tambah yang baru.
Aku pun semakin tua,
sentuhan seninya pun hampir selesai.

Nyanyian Waktu No.2

Membaring,
membiarkan masa umpama pasukan laskar berkuda
memacu pantas
di padang luas
milik dada lemah ku,
aku membungkam,
malah menjadikan
setiap mimpi kecilku
menyerahkan pada mereka untuk dibawa pergi,
kerana itu semua adalah
pasukan laskar berkuda yang tak terbayangkan
tiada laskar seteru
pun tiada laskar negara sahabat.

(1936)

Sentuhan Seni Yang Tertangguh

Kau adalah secebis sentuhan yang tertangguh;
pada ketika mula tumbuh bibit keinginan mencoret
serta memberikan kukeluh rasa Mona Lisa,
aku telah berhenti berkarya.

Kerana "Kelembutan Tangan Kananmu"
mendadak sontak tumbuh kusta besar yang menakutkan;
manakala yang menggores-lukakan "Senyuman Rahsiamu"
sebilah pisau milik sang gila.

(1953)

CHOU MENG-TIEH

Chou Meng-tieh (1921-2014), lelaki. Dilahirkan di Daerah Xichuan, Wilayah Henan, China pada 30 Disember 1921. Berkelulusan Sekolah Perguruan Yuan Xi di China. Menyertai pasukan tentera belia pada tahun 1947. Tahun berikut berhijrah ke Taiwan bersama pasukan tentera. Setelah bersara, beliau menyertai Pertubuhan Penyair Lan Xing. Beliau mula menyiarkan puisi pada tahun 1952. Pada tahun 1959, beliau menerbitkan antologi puisi pertama berjudul *Negara Sepi,* lantas mengukir nama di persada perpuisian China. Pada tahun 1965, beliau menerbitkan antologi kedua berjudul *Rumput Pemulih Jiwa.* Pada tahap ini, puisi beliau telah mencapai kematangan. Puisi Chou Meng-tieh adalah bicara mendalam antara sebuah jiwa yang sepi lagi bersih dengan pancaroba duniawi. Bertolak dari dalam diri, mencapai keinsafan terhadap realiti. Tatkala beliau memanfaatkan *chant* dalam puisi, kosmos kecil menemui kesaujanaannya. Beliau dilihat sebagai batu permata dalam perpuisian modenisme.

Rama-rama Biru

Aku cumalah seekor rama-rama kecil
tak gah, malah tak berwarna-warni
namun, aku bersayap, berkeberanian
aku sanggup memberitahu mata di seluruh dunia
yang melihatku secara sama rata:
aku seekor rama-rama kecil!

Aku cumalah seekor rama-rama kecil
pabila dunia menua
akulah paling akhir menua
pabila dunia menjadi kecil
akulah lebih dulu menjadi kecil

dan ketika dunia bungkam seribu bahasa
        di kala dunia terlena
aku tetap terjaga
demi keesokan hari
        jiwa berkocak dan keayuan hari esok
aku enggan terlelap

Kau bertanyakan kenapa sayapku biru?
ah! Aku cintakan langit lazuardi
sentiasa aku mengimpikan suatu hari nanti
aku bisa menjadi langit jua.

bisakah aku?
mataku mengimbas sayap yang tak tahan ditimpa bayu
aku pun bertanya sendirian.

Mampu! Sudah tentu, sudah tentu kau mampu
selagi kau berimaginasi, pasti kau mampu!
aku menjawab sendirian:
padahal, angkasa adalah hasil imaginasi kau
malah kau, juga hasil imaginasi kau sendiri
begitu juga warna biru
begitu juga aksi terbang lepas bebas

Maka dalam sekelip mata
kau sudah berubah, lalu menjadi
yang kerap kau impikan
tempat berlalu puputan angin harum
ketika impian semakin menanti semakin lama
dan keesokan semakin mendekat
dan lamanya dan dekatnya tak terhingga lama dan dekat lagi
segenap pelosok pun bersorak: sayap kau telah lesap!

Sayap kau telah hilang
walaupun sesudah biru masih ketemu biru
di penghabisan terbang masih menjanjikan terbang
walaupun kau tetap diri kau jua
seekor rama-rama kecil, seekor
tak lebih biru daripada biru malah bukan lahir daripada biru

Dua Kuntum Puisi Sembilan Baris: Termenung Membaca Halaman Tajuk Antologi Puisi Lu Ping

I

Selembar daun kering seperti kipas atau telapak tangan, dengan perlahan
menampar pada bahu seekor rusa elk.
berlari pantas sendirian
dan bernama bunga plum. Katanya,
terlalu sejuk kawasan tinggi. Elok bersama kawan, bersiap sedia
pulang ke kampung meredah musim dingin!
apa yang hendak di was-waskan?
baru bercakap tentang kampung, bunga plum di kampung sudah berkembang!
apa yang hendak diwas-waskan lagi?

II

Ingin kembali ke zaman sebelum lahir
mustahil barangkali. Atau teruskan saja kesilapan, bertanya
ke dasar sumur yang paling dalam lagi gelap, atau
di hujung Haiku Matsuo Bashou
wahai, carikan sebuah tempat keinsafan dan sebuah tempat berehat!
berbual tak habis biar sampai ke fajar menyingsing
aku suka noktah. Malah lebih menyukai
kekaburan dan ketidak-kepastian, serta tanda noktah yang berupa berudu.

Malam Yang Terkurung

Sila nyanyikan sebuah lagu lagi untukku!
sila mengukirkan suatu senyuman sehabis menawan lagi meruntun jiwa!
sang bulan telah terbenam
rintik-rintik kabut terpaku melototkan mata kecil sambil menunggu
menunggu kau kembali menginjakkan sepatu lembut yang basah bersulam benang
  emas
meniti di atas mata mereka--
persis sekawan rama-rama yang mengundang belaian
meniti di atas ranting bunga yang baru berhenti menyendu.

Malam yang terkurung
ini adalah mata dingin manusia dunia ini
selamanya daerah yang tak tercapai penglihatannya!
duduk mendampingiku, bersandar padaku
dekat lagi, dekat lagi!
biar kuperiksa sama ada matamu seiras sore kemarin
sarat menghamilkan lemah-lembut, namun samar-samar membawa resah;
izinkan kudengar sekali lagi suara bisikan kau dek bunyi menarik benang sutera
bilang kau adalah anak dara paling bongsu lagi manja
pada usia lima belas tahun

Betapa melucukan dan percantuman yang ganjil!
demikianlah kau, dan demikian daku.
siapakah membuka pintu besi ini yang tak mungkin dibuka?
terima kasih kepada angin yang meruntun jiwa, bertiup menyongsong

dan kelip-kelip yang mengusik rumput kemudian menghinggapi langsir.
"menitikkan darah kau pada pusatku!
andaikata nasib hidup ini beruntung: seratus hari dari sekarang, di kuburku
sewajarnya ketemu sepasang burung hijau terbang mengelilingi pokok sambil
  berkicau."
sementara kusepatutnya sempat membuka pintu kuburan, berwarna gagak musim
  dingin
mengurungmu genap sembilan belas tahun;
dan kemudian, membalut perut dengan gebar menawan, meniup dari hati ke hati
  dari mulut ke mulut;
melihat kau di ribaku yang pantang kehadiran sehelai rambut
mata bintang membuka perlahan, jambang di kedua belah pipi kemerah-merahan

Dibilang paling-paling adalah penyesalan yang tak mungkin dipenuhi!
sekalipun dengan dua kali ganda batu berwarna dari sungai ganges.
bersisi-sisian aku melabuhkan punggung, bersisian aku
mendekati! Lagi mendekati!
usah mengunci kening sampai begitu sekali
paling tak rela melihat kau melindung wajah dengan lengan baju, bersedu di
  sebalik orang
goyang bayang lantera dan pohon pisang di depan jendela.
malam yang terkurung--
ini mata dingin manusia dunia ini
selamanya daerah yang tak terjangkau penglihatannya!
sila nyanyikan sebuah lagi lagu untukku!
sila ukirkan suatu senyuman yang sehabis menawan lagi meruntun jiwa!
ketika ayam belum berkokok dan anjing belum menyalak.

Melihat kelibat belakangmu di antara bunyi pohon poplar putih
sirna perlahan-lahan di antara liuk-lintuk asap di tanah gersang dan semak
  belukar--
usah menoleh! Sememangnya esok akan ku melutut dan merayu pada sang pertapa
  tua
sehinggalah beliau memberikan azimat wangian pemulih roh padaku.

Nota Penyair
Tajuk asal ialah "Liansuo," nama langsuir wanita. Rujuk buku *Cerita Aneh-aneh Pustaka Liao Zhai*.

Bertanya Kepada Sang Langit

Sang langit menyembamkan wajah dingin nan biru ke mancung hidung kau
bilang sang langit: gugur lagi sebutir meteor
akankah ia jatuh ke sebelah yang kosong lagi getir di laut mati?

Terdapat sejenis kali yang paling mudah banjir, terdapat sejenis kali
bilang sang langit: paling gemar menjadikan tangan untuk menterbalikkan
memaksa langit malam yang sombong terbalik dan gantung
dan menangkap sesetengah bayang
disatukan dengan kelawawar pusaran air yang lazimnya mudah dilupakan.

Sesetengah cebis kelopak bunga timbul dari dasar kali
dan tenggelam semula. Tiada siapa yang tahu
malah sang langit pun tak tahu. Di antara musim semi dan musim panas
ketika pasang surut yang bertindak membuta menyimbah-padamkan cahaya
    bintang
cium bibirnya adalah hasil buatan darah.

Sekian kesayuan bercumbuan yang kuat berasmara menitik dari bunga gladiolus
menitis dari bunga tulip yang sedikit ketar
lalu menerangi kelibat belakang kau?
kiranya laut punyai perasaan kasih, pernahkah kau dengar bunyi telan tengah
    malam?
syurga menyepi, dunia bergari dan berantai, neraka dirundung azab sengsara

Hendak ke mana dan mengikut jalan mana? Pabila roh meluruh bak daun gugur
   dipuput bayu
ke atas, ke bawah, dan berhentakan menenggelamkan diri
di tebing jambatan *Nai He*. Sekelib mata berubah kelabu selama tiga puluh tiga
   hari
di manakah kekasih berada? Dalam kesaujanaan mungkinkah terdapat sekumtum
   bunga hitam
menatang kau, dan menaut kembali tangisan kau?

Sang langit yang dingin nan biru menyembamkan wajah ke wajah kau
sang langit pun berkata: patah lagi sebatang tumbuhan jerami
dia akan menyimpang lalu menuju ke sebelah sungai ganges yang menjerih duka?

Di Bawah Pohon Bodhi

Siapakah yang hatinya menyembunyikan cermin?
siapakah yang rela berkaki telanjang menapaki seluruh hidupnya?
semua mata telah ditutup oleh mata
siapakah yang bisa menghidupkan api dalam salji, malah menjadikan api sebagai
    salji?
di bawah pohon bodhi. Cuma seorang insan yang berwajah sebelah
memanggung kepala melihat angkasa, menjawap dengan keluhan
kepada biru bersih yang turun ke arahnya dari tempat tinggi.

Ya, ada orang pernah duduk di sini
warna rumput hijau sehijaunya. Walaupun pada musim dingin
walaupun detak kaki sang luka berparut sudah menjauh
kau tetap berbantalkan segala bunyi alam
riang bersemuka dengan belakang kecintaan dan berbincang secara sulit.

Duduk selama berapa musim semi?
kemudian duduk selama berapa hari sepanjang musim panas?
ketika kau datang, salji adalah salji, kau adalah kau
sesudah semalaman, salji bukan lagi salji, kau juga bukan kau
hinggalah negatif sepulun tahun malam ini
ketika komet pertama sontak bercahaya semula
barulah kau terkejut dan perasan:
salji masih lagi salji. Kau masih lagi kau
walaupun detak kaki sang luka berparut sudah menjauh

tinggal warna rumput hijau sehijaunya

Catatan pengarang: Budhha bertapa di bawah pohon Bodhi, mencerap keadaan
  bintang pada waktu malam, lalu mencapai keinsafan abadi.

Seruan Bunyi Genta

Menumpang gelombang tabun tak berhalangan lalu pergi
menjunjung langit dan memijak matahari terang;
alangkah mengusik kalbu , terang benderang dan cantik menghangatkan jiwa
dari mana tangan itu yang datang menjemput?

Gerimis salji seperti bunga tumbuh dari tapak kakiku.
teringat ketika ini bunga Ros China yang gugur sehabisnya di balkoni
siapakah yang tidur lewat dan terganggu mimpinya; mengeluh di depan bayang
mengisahkan bunga yang mengudup pada suatu tahun di tepi denai
barangkali seekor bangau merah menari longlai
datang melawat kampung halaman yang kehilangan kecapi dan manusianya

Kelibat burung bertebaran di tengah angkasa
dingin benar petunjuk bintang
teringin aku memetik demi menghiburkan hati
disambung menjadi sepotong zikir agama Buddha, sebaris ayat riwayat hidup pada
  batu nesan:
"mengembara di padang gondol saujana luas!"
akulah lepas bebas siapakah sebenarnya aku?
pabila kening gunung dan mata lautan dikejutkan oleh kegelapan malam
melihat ke bawah tanpa bahasa: badan ini masih berada di luar alam fana.

Bukit

*Kalau kau memanggil bukit, dan bukit tak datang, maka kau patut pergi
  kepadanya. (Quran)*

Terbang dari kawasan tak rata
gah perkasa, ingin mengunjuk kepala ke angkasa lepas
melihat bayanganmu
lebih sunyi daripada tafakurmu
lebih kurus, degil dan kuno daripada falsafahmu

Kepiluan Sysifus telah terang
pabila guntur dan petir bersimfoni
kau menangis bagaikan takdir
menangis hari siang ini, hari siang keluarga mana
hari malam, hari malam keluarga mana

Samar-samar ada pantulan gema di kawasan tinggi menyerumu
selain senyuman pahit bunga *honeysuckle*
kau gementar. Kau sebenarnya sejenis dengan
"kau tak membawa tongkat
maka membuang kau kerana membawa tongkat" orang tak siuman seperti itu

Angin kencang melolong di hujung rambut
wajah dingin usia meredup
dikatakan di luar langit berlangit lagi

di luar awan berawan lagi. Dikatakan seinci rumput pastura
bisa melawan ketinggian dengan kelajuan anak panah sang singa

Setiap batu keras adalah sebuah bukit ganjil
biarlah Caesar kembali kepada Caesar
Tuhan kembali kepada Tuhan, kau kembali kepada diri kau
sehingga kekal selama-lamanya membuka seluruh kesuraman lukisan
 menjadikan kau, berselindung dengan Nabi Musa di dahi

Nota Penyair

Mitos Yunani, Sysifus, sifat degil dan sombongnya telah mengundang kemarahan para dewa. Maka dihukum menolak batu besar ke atas bukit. Apabila sampai ke puncak bukit, batu menggolek ke bawah, di tolak semula. . . . Demikian dibuat berulang kali sehinggalah ke akhir hayatnya.

Di Atas Perahu Penyeberang

Mengangkut begitu banyak sekali sepatu
wahai perahu, begitu banyak sekali muatan
impian segitiga
yang saling bersemukaan dan bertentangan.

Seligatnya, mengayuh
sesepinya, mengalir.

Orang berada di dalam perahu, perahu berada di muka air, air berada dalam ruang
  tak berbatas
tanpa batas, tanpa batas berada dalam sekelip suka dukaku.

Benarkah air membawa perahu dan aku bergerak?
atau aku bergerak, dan membawa perahu dan air?

Wajah malam yang memberahikan
senyuman Albert Einstein cukup misteri, gersang dan sepi.

Di Puncak Gunung Sepi

Sekilas bagaikan reriang bermetamorphosis lalu memasuki keabadian
perasaan ancaman bahaya lantaran kesendirian dan kegembiraan yang
  menggetarkan
seolah-olah ada tangan cakerawala yang dihulurkan dari bawah tanah
menjulang tinggi kau dengan lotus ribuan kelopak
seluruh pendengaran adalah bunyi alam yang dingin lagi menikam.

Menghumbankan banyak pasir Sungai Ganges dalam
  sekelip mata
ah keheningan, kau mengalir deras dalam urat nadi
tika hujan salju pertama dan dentam guruh terawal musim semi
menyedarkan kekalutanmu, mata kabur dan telinga panas
maka sukmamu merencam seperti rama-rama yang terhinggap pada ribuan pokok
menzikirkan namamu pada permukaan air
menggambarkan jejakmu pada bayu;
kulit cengkerang adalah telinga, tumbuhan Akar Batu adalah bulu kening
hembusanmu adalah aliran sungai saujana luas
menggegarkan kini dan dahulu-kala, menelan-meluah siang dan malam.

Setiap jalan mengarah ke titik permulaan
di hujung sumber air. Kau cuma perlu menyentuh perlahan dengan hujung jarimu
maka ketemu mata air pancutan ribuan kaki
menyiram dari tempat yang pernah kau lalui. Malah tak payah kau menadah air
  minum

wajah kau sudah merah mabuk, hati telah terbuka.

Pada gerimis musim semi dan di luar wisma Jed
gunung hijau sedang membicarakan kematian dengan rambut beruban;
   membicarakan bunga pokok tatajuba yang berair mata
dan sang pengusik bunga, serta rama-rama
terbang ke atas perlahan-lahan dari penutup keranda yang baru.
puas menjejak sinar purnama pada Jambatan No. 24
diinsafkan sekelip mata bahawa sepatu besi adalah si bodoh yang paling membabi-
   buta
dan semua malam adalah masin
semua buah plum di jalanan adalah pahit
tak berani menoleh: segala-galanya adalah tumbuhan berduri yang menusuk hati.

Seiras benar menunggang keldai untuk mengejar keldai
kau siang-malam mengejar bayangan sendiri;
hinggalah pelangi pada bulu kening dipetik dalam sekelip mata
patah seinci demi seinci dan gugur menjadi abu, barulah kau sadari
ada sebutir manik besar tersembunyi dalam rambutmu.
semenjak itu jalan pekan kelmarin; bintang kelmarin
suara kebingitan; keheningan yang jarang dialami
semuanya seolah-olah tetiba menemui diri-sendiri
menemui kau. Bagaikan kau dan kau sendiri bertemu kembali di daerah asing
dalam mimpi, malapetaka hidup di dunia ini serta malapetaka pada hidup sebelum
   dan sesudahnya.
angin ganas dan hujan berguruh malam segala syaitan
malam bunga akasia dan pokok semalu berbisik

siapakah yang menganiayamu dengan paradoks wajah buas dan lemah-lembut?
walaupun gaya duduk kau lebih dingin dari insaf-seinsafnya
lebih tebal, besar dan tinggi daripada kekosongan yang melitupimu

Tiada kejutan dan ketakutan, juga tiada kesongsangan
setelah bunga menggugur kembali mengembang lagi.
memikirkan enam puluh tahun kemudian kau terduduk di puncak gunung sepi
melihat ke bawah, ke atas, ke depan, ke kiri dan kanan
dipenuhi lautan pelita bernyala, kau ada dalam setiap pelita.

Disember

Telinga ini berkarat hampir berkematu
di antara mimpi dan sunyi-sepi
aku adalah ular! Menggigil sambil memikirkan antara bulan Mac dan Jun.

Siapa tahu berapa lama pernah kutindihkan masa tatkala tidur?
panjang malam seperti keresahan, kesejukan berpecah sedikit demi sedikit
bertolak dari suhu di bawah sifar
tersangkut pengangkut kapal mel bulan disember musim semi tersadai di sana?

Asyik bermimpikan runtuhan salji dalam mimpi
bermimpikan tumbuhan *ivy* berbuai di atas tanjung
    rumput semalu tak kuasa menahan diri lagi
    melelapkan mata, mengunyah angin dan matari.

Air muka lebih redup daripada sang pemikir
singa batu mula cuba menari-nari
menghala ke timur, membangkitkan matari pagi zaman purba yang menitik air
  mata ketika ketawa

(1965)

LO FU

Lo Fu (1928-2018), lelaki. Nama sebenarnya Mo Luo-fu. Keluarganya asal dari daerah Heng Yang di Wilayah Hunan. Lulusan peringkat pertama dari Sekolah Perjuangan Siasah serta jurusan Bahasa Inggeris, Universiti Tamkang, Taiwan. Puisi peringkat awal Lo Fu menerima pengaruh pemikiran ekstansialisme dan sur-realisme menjadikan imej karyanya rencam dan sentuhannya garang. Rentak dan rima puisinya pula rancak dan banyak berubah. Bahasa puisinya di luar jangkaan, dingin dan bernada serius. Gaya puisi beliau berubah di peringkat kemudian. Yu Kwang-chung, penyair dan pengkritik terkenal berpendapat bahawa "Puisi peringkat akhir Lo Fu sangat berbeza dengan puisi awal beliau. Diksinya semakin santai, akibatnya makin bertambah anjal. Ini mengundang renungan." Panel penilai Hadiah Sastera Wu Sanlian pula mengulas "Sentuhan seninya telah mencapai tahap pembauran antara yang sahih dan ilusi, keupayaan memilih antara gerakan dan statik, malah menusuk ke perkara dasar seluruh alam maya dan menyentuh sedalam-dalamnya maknawi hidup dan kehidupan." Beliau telah menghasilkan beberapa kumpulan puisi perseorangan. Antaranya ialah antologi *Keruntuhan Salji*.

Menitip Sepatu

Berjarak ribuan batu
sepasang sepatu kain dititipkan padamu
sepucuk surat
tanpa aksara
kata-kata yang terbawa-bawa melebihi empat puluh tahun
tak terluah
sekadar termampu sepotong demi sepotong ayat
dijahit rapi pada pelapik sepatu

Kata-kata ini telah lama aku sembunyikan
beberapa potong ayat disembunyikan di tepi sumur
beberapa potong ayat disembunyikan di dapur
beberapa potong ayat disembunyikan di bawah bantal
beberapa potong ayat disembunyikan di antara cahaya pelita berliuk-lintuk di
  tengah malam
sesetengahnya disalaikan
sesetengahnya telah berkulat
sesetengahnya keguguran gigi
sesetengahnya telah berlumut
kini, dikumpulkan bersama
dijahit rapi pada pelapik sepatu

Sepatu barangkali agak bersaiz kecil
aku mengukur dengan sebulat hati, mengukur dengan usia kanak-kanak

dan mimpi dinihari
sama ada serasi dengan saiz kaki adalah perkara lain
jangan sekali-kali membuangnya
bagaikan sepatu lama yang bocor
kerinduan melebihi empat puluh tahun
kesepian melebihi empat puluh tahun
semuanya dijahitkan pada pelapik sepatu

Nota Penyair

Teman baik bernama Zhang Tuowu dan sepupu nya Shen Lianzi ditunangkan sejak kecil lagi. Setelah berpisah ketika berada di kampung halaman akibat peperangan, masing-masing telah merantau ke daerah asing, dan kehilangan peluang bertanya khabar antara satu sama lain melebihi empat puluh tahun. Baru-baru ini, melalui seorang teman di luar negara, tetiba Tuowu menerima sepasang sepatu kain yang dijahitkan oleh sepupu sendiri. Air mata Tuowu berlinangan dan sebak sekali sambil memegang sepatu kain tersebut, bagaikan memegang sepucuk surat tak beraksara namun berbaur dengan pelbagai perasaan dari kampung halaman. Kini Tuowu dan sepupu perempuan telah lanjut usia, tetapi perasaan kasih dan cinta pantang dilupakan buat selama-lamanya. Puisi di atas ditulis menggunakan gaya berbahasa sepupu, justeru pemilihan diksi seboleh-bolehnya mudah difahami.

Mengejar Bunyi Hujan Masuk Ke Rimba Namun Gagal Ketemunya

Berpayungkan sekaki payung kertas minyak
seraya menyanyikan lagu "Masin Buah Plum Bulan Mac"
di antara bukit-bukau
akulah satu-satunya sepasang kasut jerami

Burung belatuk   asyik mengetuk
gema   kosong belaka
dalam kesakitan dipatuk sebatang pokok melingkar naik ke dada angkasa

Memasuki rimba
tidak ketemu hujan
payung terbang mengelilingi sebongkah batu hijau
di situ terduduk seorang lelaki berpeluk kepala
menatap puntung rokok terbakar hingga menjadi abu

Menuruni bukit
masih tak ketemu hujan
tiga biji kacang pinus pahit
bergolek sepanjang tanda jalan dan berhenti di depan kakiku
lalu mengutip
yang digenggam rupa-rupanya bunyi burung

Dahi

Aku membelek -belek sebuah buku angkasa
halaman tak berhuruf itu, tepat sekali adalah
kemuncak tinggi arah matamu memasang sayap
memeluk mu menjadikan bayu
aku sujud, dongak melihat keperkasaanmu

Dengan pantas aku bisa menemui diri sendiri
dalam pusaran air
dalam tapak tangan terbeku salji puluhan ribu kaki
di situ, akan kau menimbuskan
sebidang dentang loceng yang jauh berkumandang

Barangkali aku tahu
apa yang kau genggam pada tangan sebelah
pada dahi ku
yang mengalir cecair putih sepohon pokok
bilakah bisa bergelora menjadi sekuntum benang sari?

Mencungkil Gigi

Tengah hari
manusia seluruh dunia pun mengcungkil gigi
menggunakan pencungkil yang bersih putih
dengan hati lapang
mencungkil
gigi yang bersih putih

Sekumpulan helang di Ethiopia
terbang bercempera
dari longgokan mayat
hinggap berderetan
pada pokok mati yang jarang
juga mencungkil gigi
dengan sebatang tulang rusuk
yang kurus panjang

Penari

Antara nyanyian simbal berceng-ceng
terpacul seekor pepatung merah
terbang rendah meluncuri permukaan air
abdomen lembut
berhenti
semua mata yang melolong
kali oh kali
dari pinggangmu bak ular menyusur ke timur
yang masuk ke lautan
rupa-rupanya adalah sendu dada kami
sekalian bebunga berterbangan
lengan tanganmu
takkan terikat oleh kecapi bertali lima atau bertali tujuh
pada kala beraksi
pod kacang meletup
kumpulan rama-rama menerawang tak tentu arah

Bangkit dan bangkit lagi
perlahan-lahan berpusing badan
sepohon teratai tetiba membuka ribuan jari
membunyikan
keasyikan dan kemerduan dendangan hati

Ada Burung Terbang Melintas

Er Hu Paman Lee di warung menjual rokok itu
digesek lorong menghala ke rumah kami
menjadi rambut basah yang panjang
ternganga daun pintu di depan rumah
teh wangi bersama isi hati   tenggelam
ke dasar cangkir
di meja minum teh
debu rokok tak lain putih dan dingin sahaja
dan peredaran masa seperti biasa

Bolehkah kau menamakan untukku
setiap satu
gaya kantuk pada kerusi rotan

Dilemparkan akhbar petang ke muka
dalam mata mengantuk
ada
burung
melintas pergi

Kuil Zen Naga Kencana

Genta malam
adalah jalan kecil memandu para wisata menuruni kaki bukit
tumbuhan paku-pakis
menjalari tangga batu putih
mengunyah ke bawah sepanjang-panjang tangga

Kiranya hujan salji di sini
dan hanya bisa ternampak
seekor cikada yang terkejutkan
menyalakan
sebuah demi sebuah
lantera di celahan rimbunan bukit

Kabut dan Sebagainya

Sepasang burung jangkung
membaca "hasil makanan" dalam sawah
dan berputar mengikut suatu titik kekal, gerak berkeliling seperti kabut
sekali sekala menunduk kepala
lalu mulutnya menggonggong sekeping awan

Tenungan, tak lain memikirkan
persoalan seumpama sama ada matahari itu nihilis
baru sahaja kaki kiri diangkat, keseluruhan tubuh
entah nak diletakkan dalam kabut
atau di luarnya

Sebaik saja mengepak, kosmos turut timbul-tenggelam
subuh adalah sebuah lagu mengerdip
membakar diri dalam kabut
kalau horison melontarkan lalu mengikatmu
        terikat sayap tapi tak bisa mengekang terbang

(1966)

Angin Adalah Sebabnya

Kelmarin aku menyusur tebing kali
berjalan tanpa tujuan
sampai ke lokasi rumpun ilalang yang terbentur minum air
sambil menjemput cerobong asap
menuliskan sepucuk surat panjang pada dada langit untukku
agak comot tulisannya
namun hajatku
terang seperti cahaya lilin di depan jendelamu
apa-apa kejujuran yang diragui
pastilah tak terelakkan
      angin adalah sebabnya

Surat ini sama ada kau fahami tidaklah penting
yang penting
yang terdesak ialah haruslah kau melampiaskan amarah, atau terpecah ketawa
sebelum keguguran segenap bunga daisy
lekas mengeluarkan baju berkain nipis dari peti itu
lekas mendepani cermin menyikat hitam lembut keayuanmu
kemudian menyalakan sebuah lantera
dengan cinta seluruh hidupmu
aku adalah api
mungkin padam bila-bila masa
      angin adalah sebabnya

(1981)

Ikan (Puisi Buat Saigon)

Bagaimanapun, pandangannya cuma tinggal sekuntum mentari senja saja
esok menghempaskan cermin masih sempat lagi

Sang lelaki itu masih tegak berdiri hormat, di pekan H
sepohon poplar beredar mengelilinginya
kebetulan mendongak
keluar dari cerobong asap ialah abu tulang manusia
atau rama-rama?
kemudian berfikir dalam benak sambil menggosok tangan
pada ketika daun jendela berubah menjadi pelbagai warna
dia adalah satu-satu protagonis dalam seribu ceritera
membasuh tangan barangkali akan memperoleh kepiluan yang lain
membalikkan kedua-dua tapak tangan, kau lihatlah
ada sisik tanpa sirip
ikan jenis apa ini!

Lalu bercangkung di bawah tubir bumbung
memakan sejenis buah diberi nama bulan
biji yang pecah dikunyah diludahkan ke angkasa lalu menjadi bintang
di hujung lidah yang sejuk
terdapat wangian tipis hasil pembakaran salji
kemudian dengan tiga rentak berjalan menendang batu kecil
menyusuri dinding ke selatan, ke utara dan ke barat
dan di sisi sebuah sumur kontang di timur
menunduk namun tak bisa ketemu wajah sendiri itu lagi

YU KWANG-CHUNG

Yu Kwang-chung (1928-2017), lelaki. Keluarganya asal dari Daerah Yong Chun di Wilayah Fujian. Beliau adalah lulusan Jabatan Bahasa Asing, Universiti Nasional Taiwan dan memperoleh ijazah Sarjana Kesenian dari *Iowa University*, Amerika Syarikat. Pernah menjawat jawatan Profesor di Universiti Normal Taiwan, Universiti Nasional Taiwan, Universiti Nasional Chengchi, *Chinese University of Hong Kong*, dan pernah menjawat jawatan Dekan dan Profesor Tamu di Fakulti Sastera, Universiti Nasional Sun Yat-sen. Beliau juga pernah memberi syarahan akademik selama empat tahun di Amerika Syarikat. Penulisan Yu Kwang-chung bertumpu pada genre puisi. Namun beliau juga menempa nama dalam penulisan prosa lirik, penterjemahan sastera dan esei kritikan. Puisi beliau banyak melahirkan rasa belas kasihan manusiawi, juga cinta terhadap tanah setempat, prihatin tentang perlindungan alam sekitar serta renungan dan tafsiran mendalam terhadap perkara dan ehwal manusia zaman moden. Pengkaryaan beliau bertolak dari tradisi lalu menuju ke era moden, namun beliau tidak lupa menyelami akar budaya tradisi. Kumpulan puisi yang diterbitkan termasuk *Lima Elemen Tak Berhalangan* dan sebagainya.

Mimpi dan Geografi

Sosoknya mirip pandangan sisi seekor lembaga laut
di belakang batu ganjil di atas tanjung
kalau aku terus berjalan ke depan
adakah ketemu kepulauan Peng Hu yang berselerakan?
ke sini pula, yang terlindung di belakang bukit berbatu
sepatutnya Xiamen, atau Swatow?
--jaraknya cuma ke Taipei
andaikata, kesemua bangunan merah di fakulti sastera ini
deretan jendela yang menghala ke laut menghadapi barat-daya
kapal pengangkut barang dengan bayangan sisi yang mistik itu
tepat berdepankah, atau serong menghadap Hong Kong?
dan betapa gah lembayung senja
Vietnam yang sekian lama menjadi abu, adakah dibakar sekali lagi?
teleskop yang was-was menggeledah ke sana-sini
--kanta bulat berkembar, tujuh poin lima kali ganda
dipinjam dari seorang rakan sekerja
untuk mencari komet *Halley* pada malam ini
bumi banyak halangan namun angkasa lepas tak beraral
mengenai persoalan antara mimpi dan geografi
di penghujung badai menggulung dalam cermin
sayup-sayup suatu garisan ufuk
adalah jawapan tuntas lautan

Bantahan Terhadap Sebatang Cerobong

Dengan sikap biadap tak beradab
menonggeng ke langit cerah di selatan
sesuap demi sesuap, tanpa larangan dan ketakutan
menghadap pemandangan yang asalnya murni
persis samseng bersemuka dengan anak gadis kecil
menghamburkan kata-kata kotor yang sarat mengisi perutmu
kau merosakkan nama baik awan pagi dan malam
menepis matahari berundur ke luar kaca
sesekala, berpura-pura membuang tabiat merokok
namun berselindung pada, heh, ceruk gelap cahaya malam
menghala ke jendela mimpi ngeriku, menghisap dan menghembus diam-diam
kau dengarlah, pipit sudah dipaksa berpindah
angin mengidap penyakit asma, pokok pun berbatuk
dan ketagihan kau yang begitu mendalam sekali
masih begitu bongkak, tiada niat berhenti, enggan berhenti
malah masih menjentik puntung rokok sewenang-wenang, menjadikan sebuah
  kota
sebuah asbak yang kau miliki berpura-pura tak nampak seratus tiga puluh ribu
——tidak, dua ratus enam puluh ribu keping daun paru-paru
diasap menjadi rama-rama hitam yang lemah tak bermaya
merangkak dalam pinggan, separuh buka dan separuh tutup
tak nampak apa-apa, ramai yang bermata separuh celik
mendongak dengan putus asa
malah wau pun nyaris tersesak nafas mendepani langit kelabu

Tatkala Aku Mati

Ketika aku mati, tanamkan aku, di antara Sungai Yangtze dan Sungai Hwang Ho
disorongkan bantal ke kepalaku, rambut putih menutup tanah hitam
di China, negara paling jelita dan paling keibuan
lalu aku terlelap dengan senang hati, meniduri seluruh tanah besar
kedengaran kedua belah sisi, senandung *Requiem* berkumandang dari Yangtze
  dan Hwang Ho
dua bait muzik yang tiada penghujung hidupnya, bergelora, menghala ke timur
ini adalah ranjang yang teramat luas dan memberi keizinan tiada batas
memuaskan sebuah hati lalu lena, puas hati memikirkan dahulu kala
seorang pemuda China pernah
mengimbau ke barat di *Michigan* yang dingin-beku
ingin menerobos malam untuk melihat dinihari China
dengan tujuh belas tahun masih tak mengenyangkan matanya
peta pakar penikmat makanan, seperti bayi yang baru berhenti tabiat disusu
dia ingin sekali meneguk satu dunia
dari muara Yangtze terus menyusur ke tempat asali
dari Shenyang dan Dongting, sehinggalah ke Qinghai.

(1966)

Ranjang Berkembar

Dibiarkan perang berlaku di luar ranjang berkembar
berbaring pada cerun landai panjangmu
peluru sesat, persis api kelip-kelip
bersiut di atas kepala mu, dan aku
menerobosi misai dan janggutku serta rambutmu
dibiarkan rampasan kuasa dan revolusi bertempik di sekeliling
sekurang-kurangnya percintaan menyebelahi kami
sekurang-kurangnya kami selamat sebelum dinihari
pabila segala-galanya tak bisa dipercayai
menyandar pada cerun anjalmu
malam ini, waima gunung bisa runtuh bumi bisa gegar
yang terburuk ialah tergelecah ke dasar gaung dalammu
dibiarkan bendera dan trompet kecil terjulang di dataran tinggi
sekurang-kurangnya rima enam kaki kepunyaan kami
sekurang-kurangnya seluruh diri kau milikku kini
masih licin jelekit, masih lembut, masih bisa masak jika diberikan kepanasan
sejenis kegilaan yang tulen namun murni
dibiarkan malam dan kematian berada di pinggir kegelapan
melancar seabadinya kepungan kota ke seribu kali
namun kami bergegas turun melalui lingkaran, syurga di dasar
terperangkap dalam pusaran di antara empat anggotamu yang cantik

Nostalgia

Di kala zaman remaja,
nostalgia adalah sekeping setem kecil,
aku di sini,
ibu di seberang.

Sesudah dewasa,
nostalgia adalah sekerat tiket perahu rencong,
aku di sini,
pengantin baru di seberang.

Kemudian,
nostalgia adalah sepapan nisan yang kerdil,
aku di luar,
ibu di dalam.

Dan sekarang,
nostalgia adalah selengkung selat yang dangkal,
aku di sini,
tanah besar di seberang.

Jambatan Gantung Belanda (Ulang Tahun Kematian Seratus Tahun Vincent Willem van Gogh)

Sebuah jambatan gantung yang kukuh, kabel yang panjang
menghubungkan tebing antara dua terusan kecil, ketika itu
di sini kau melintasi kali
mendekati sebuah pelita minyak yang suram
adakah kau pergi mencari sebuah keluarga tani
yang mengelilingi meja kecil sambil menikmati lauk kentang?
benar kau berjalan melintasi jambatan ke seberang
mendekati perempuan yang berhalang mencintaimu
mendekati lubang lombong yang lebih dalam dari neraka
mendekati Mona Lisa yang terkejut lalu berseru, senyuman dingin yang sombong
tangan memegang pisau cukur yang berdarah
berjalan ke arah verandah panjang di hospital sakit jiwa
mendekati dunia lain yang tak bisa berpatah kembali
mendekati *Place Lamardine* yang panas dan pengap
mendekati pub terbuka yang sepi
dan cahaya bintang dan bulan yang lebih sepi
pabila bulan Julai tiba, mendekati warna keemasan padang gersang
mendekati kumpulan gagak yang keributan, ombak lambaian pokok gandum
yang kau julang itu
kenapa bukan berus, tapi pistol?

Ledakan itu sesungguhnya tidak membangkitkan dunia

Setelah seratus tahun barulah mengundang gema

maka lima juta orang berpusu menyeberang jambatan
penuh menduduki hotel, restoran, galeri lukisan
menyertai barisan yang merayap dengan mata memerhati
melihat selain dari adik kau ketika itu
tiada orang mahu mengikuti kau
melintasi jambatan ke seberang sana
menyaksi sejenak bunga matahari
bunga-bunga iris
malam terang berbintang
seluruh dunia baharu menyilau dan mempersonakan

(1990)

Kalau Perang Meletus Di Kejauhan

Kalau perang meletus di kejauhan, seharusnya aku menutup telinga
atau dengan posisi duduk, dengan kesal mendengar sahaja?
seharusnya menutup hidung, atau menarik nafas panjang sambil menghirup
bau hangusan yang menusuk deria itu? Seharusnya telingaku
mendengar desah nafasmu atau mendengar letupan granat
menjaja kebenaran? Pepatah, pingat, bekalan
bisakah mengenyangkan sang kematian yang kelaparan?
kalau ada perang menggoreng suatu bangsa, di kejauhan
ada kereta perang membajak dan mengasari tanah musim semi
ada bayi sedang merintih, menghadap mayat ibunya
menangisi sebuah hari esok yang buta dan bisu
kalau seorang bhiksuni sedang membakar diri untuk mengkremasi sendiri
lemak yang kurang nafsu dipanggang sehingga membunyikan sebuah keputus-
   asaan
anggota badan yang dibakar bengkok memeluk nirvana
demi sebuah isyarat tangan yang tak sah, kalau
kami di atas ranjang, mereka di medan perang
menaburkan kedamaian pada kawat besi
aku seharusnya bimbang dan takut, ataupun harus bersyukur
bersyukur kerana bersetubuh, bukan bergusti dan bergelut
tubuh telanjangmu dalam lengan, bukan seteru.
kalau perang meletus di kejauhan, dan kami berada di kejauhan
kau bidadari yang berbelas kasihan, kepak putih tiada ternoda
kau merendahkan muka, memerhatikan aku di atas ranjang

kehilangan tangan, kaki, mata, kekurangan jantina
di sebuah hospital berdarah hangit di medan perang
kalaulah perang meletus di kejauhan, oh, perang sebegini
kekasih, kalau kami berada di kejauhan!

Gugurnya Bunga Lotus

Kukira pada generasi kami, akhirnya
seharusnya ada seorang gelandangan bangun dari mimpi sejuk ngeri
menghayunkan batang pemukul anjingnya
yang penuh bekas-bekas gigitan
mengetuk dan membalun sekuat tenaga purnama kekuningan
sehingga purnama menjadi gong yang pecah
membangunkan semua gelandangan yang lena di sepanjang jalan pekan

Berpuluh batang pemukul anjing mengerumuni purnama
mengetuk purnama sehingga menjadi sebuah gendang perang
bunyi gendang yang memberangsangkan meninggi, meninggi lagi
menjadikan purnama sebuah gendang perang
mengatasi sekalian gonggong anjing, serta tangisan iblis
bunyi dengkur, aduan semua insan mengidap insomnia
pada kepanjangan melebihi usia sejarah, pada malam tersebut.

Mahatma Gandhi Menenun Kain

Sore selepas tiupan angin monsun
di kawasan pedalaman yang jauh tak terjangkau
sebuah mesin tenunan lama
menyanyikan
sebuah lagu anak kecil yang monoton
pada kawasan yang tidak tercapai landasan tren
di penghujung sebatang jalan tanah
pada rumah bambu yang berdindingkan lumpur
ligat memintalkan
rima yang lembut lagi menyenangkan
tangan kurus yang menggerakkan pemegang
selingkar demi selingkar tak berhenti
selembar demi selembar kapas ringan
bagaikan anak yang lelah, masing-masing
bersandar di ribanya
pada senja yang berbahang dan tak berangin
nada tingkah-meningkah
rentak mengundang lena
mendendangkan sebuah lagu perang
si tua duduk bersilang itu
tangan kurus bertenaga
sedang menggerakkan senjata
untuk menentang *manchester*
segala motor dan peluit

dan lagu perang yang naif ini
bisikan antara siku dan mesin tenunan
nyamuk dan cicak berhampiran
kala jengking dan ular orok-orok di kajauhan
hampir seluruh pedalaman
terpukau mendengarnya

Apa Yang Dibisikkan Hujan

Apa yang dibisikkan hujan semalam-malaman?
lampu di loteng menanyai pohon di luar jendela
pohon di luar jendela menanyai mobil di hujung lorong
apa yang dibisikkan hujan semalam-malaman?
kereta di hujung lorong menanyai jalan di kejauhan
jalan di kejauhan menanyai pula jambatan di ulu
apa yang dibisikkan hujan semalam-malaman?
jambatan di ulu menanyai payung zaman budak
payung zaman budak pula menanyai sepatu basah
apa yang dibisikkan hujan semalam-malaman?
sepatu basah menanyai katak yang berdengkang tingkah-meningkah
katak yang berdengkang menanyai pula kabut di sekeliling
apa yang dibisikkannya, suara hujan semalam-malaman?
kabut sekeliling menanyai lampu di loteng
lampu di loteng menanyai orang di bawah lampu
orang bawah lampu memanggung seraya berkata
 apakah belum berhenti lagi:
 dari mitos sampailah sekarang
 dari gerimis sehingga ribut
 dari tetesan bumbung hinggalah laut bergelora
 wahai tanyaku pada sang lumut yang menjalar dungu
apa yang dibisikkan hujan semalam-malaman?

YA HSIEN

Ya Hsien (1932-), lelaki. Nama sebenar ialah Wang Qing-ling. Keluarganya asal dari Daerah Nan Yang di Wilayah Henan. Beliau adalah lulusan dari Jurusan Drama dan Perfileman sesi kedua di Sekolah Perkaderan Sahsiah, Taiwan. Pada tahun 1966, beliau diundang menghadiri *International Writers Workshop* di *Iowa University*, Amerika Syarikat selama dua tahun. Beliau memperoleh ijazah Sarjana Sastera dari Institut Pengajian Asia Timur di *University of Wisconsin* pada tahun 1977. Beliau bersara dari akhbar *United Daily News* pada bulan Jun, 1988 dan kini bermastautin di *Vancouver*, Kanada. Ya Hsien dikenali umum kerana peranan beliau sebagai salah seorang pengasas Persatuan Penyajak Genesis yang terkenal di Taiwan. Walaupun beliau berhenti berkarya pada tahun 1965, namun sebuah hasil beliau berjudul *Kumpulan Puisi Ya Hsien* dilihat sebagai karya klasik dalam arena persajakan penyair modenis kerana ia membawa impak yang cukup mendalam kepada penyair sezaman dan generasi baharu. Ketika beliau menjadi editor ruangan sastera akhbar *United Daily News*, beliau telah mewujudkan beberapa kolum dan tema secara berkala, serta menganjurkan pelbagai aktiviti seni dan sastera, menjadikan media cetak bersifat interaktif dan mendatangkan manfaat yang berkesan dalam menghidupkan suasana dan persekitaran seni dan sastera di Taiwan.

Andante Yang Bagaikan Lagu

Kelembutan diharuskan
ketegasan diharuskan
sedikit arak dan bunga *osmanthus* diharuskan
serius melihat seorang gadis melintas di depan mata diharuskan
kau bukan *Ernest Hemingway* maka ini pemahaman asas yang diharuskan
Perang Eropah, hujan, meriam, cuaca dan pertubuhan palang merah diharuskan
berjalan-jalan diharuskan
bersiar bersama anjing diharuskan
teh pudina diharuskan
pukul tujuh setiap malam khabar angin mengapung naik seperti rumput
di bursa saham diseberang diharuskan. Pintu kaca berputar
diharuskan. *Penicillin* diharuskan. Pembunuhan secara gelap diharuskan. Akhbar
  petang diharuskan
memakai seluar panjang berkain bulu tebal diharuskan. Tiket loteri lumba kuda
  diharuskan warisi pusaka mak cik diharuskan
balkoni, samudera, senyuman diharuskan
bermalas-malas diharuskan

Sudah dianggap sebagai kali justeru perlulah terus mengalir
dunia selalu begini pasti begini:--
Dewa Guan Yin nun di bukit yang jauh
bunga popi di ladang popi

Garam

Mak Ngah Er tak pernah pun bertemu *Feoder Milcheleveich Dostoievsky*. Dia melaungkan sepatah kata pada musim semi: Garaam, garaam, berikan aku segenggam garam! Maka bidadari pun bernyanyi di atas pokok *elm*. Kacang pis tahun itu sebahagian besarnya tak berbunga.

Pasukan unta pegawai pengurus garam sedang berjalan di pesisir pantai berjarak tujuh ratus batu dari sini. Tak pernah wujud sejambak *mugwort* dalam anak mata Mak Ngah Er. Dia cuma meneriakkan sepatah kata: Garaam, garaam, berikan aku segenggam garam! Para bidadari dengan hilai tawa menaburkan salji kepadanya.

Pada tahun 1911, pendukung revolusi telah tiba ke Wuchang. Mak Ngah Er sebaliknya turun dari kain pembalut kaki yang tergantung di atas pokok *elm*, masuk ke dalam nafas anjing-anjing liar, sayap burung hering; malah banyak suara hilang dalam bayu, garam, garam, berikan aku segenggam garam! Hampir semua kacang pis pada tahun itu berbunga. *Feoder Milcheleveich Dostoievsky* langsung tak pernah bertemu Mak Ngah Er.

Wanita

Wanita itu
di belakangnya bergentayang jalan-jalan *Kota Florentine*
bagaikan potret berjalan menghampiri

Andainya aku menciumnya
bahan lukisan cat *Raphael Sanzio* pastinya terlekat pada
misaiku di daerah asing

Tahi Bintang

Para dayang yang memegang lantera kaca berwarna
sayup-sayup dan lemah longlai melintasi galaksi
seorang gadis yang bernama hui
terseru kerana jatuh menggelecah

Sepi

Kumpulan buku sepasukan demi sepasukan
melompat keluar dari kamar bacaan
mengibas-ngibas debu yang menghinggapi badan
membaca puisi sendiri dan dihayati sendiri

Kedai Keranda

Ho, ho, ho
bongkah kayu digergaji kembali berbunyi.

Ini kedai keranda tua
di pekan kami,
kembali memanggil pada hidup
ketika malam, papan keranda yang gelap,
selonggok-selonggok terbaring kaku di situ;
dengan hening dibuai mimpi kubur, dan mimpi ulat berenga,
bersiap untuk bertolak.

. . . setompok lantera putih
berjalan ke mari seorangan,
tangan yang sejuk dan terketar
mengetuk lalu meluluhkan karat pada gelang pemegang di pintu.

Diikuti tangisan seakan polong.
terselit bacaan doa pengkebumian yang bernada rimas.

Keranda dalam kamar telah dikejutkan oleh tangisan,
lalu merayu-rayu pada orang yang masuk:
lapaar, tolong lapaar!
akhirnya, sebuah keranda warna gelap
menghilai kerana didahulukan

melompot ke atas sebuah gerbong tua
bersama dengan lantera putih itu, suara kereta kuda bergerak, semakin berjauhan
tinggal sumpah-seranah kemudian sunyi
kembali menunggu dengan diam membisu.
matahari terbit
bongkah kayu digergaji kembali berbunyi!
Ho, ho, ho

. . . sebahagian pokok ditebang,
pokok di hutan lain dalam penantian

Bagaimana pokok yang tumbuh tahun depan?
akan ada
bayi yang lahir pada tahun baharu.

Jagung Merah

Angin pemerintahan zaman Hsuan T'ung sedang bertiup
menampan jagung merah seikat itu
tergantung
di bawah tubir bumbung
persis seluruh rantau utara
kerisauan dan kekalutan seluruh kawasan utara
tergantung di situ.

Bagaikan ponteng kelas waktu sore
salju menyebabkan pembaris guru telah sejuk
keldai sepupu terikat di bawah pokok *mulberry*.
seolah-olah alat muzik suo na menyanyi
sang pertapa agama tao berzikir
roh nenda pergi ke ibu kota tak balik-balik lagi.

Bagaikan menyuruh azimat Hu Lur milik abang menyorok disebalik jubah kapas
sedikit pilu menyepi, sedikit hangat-mesra
serta gelang tembaga menggulir melalui busut
dari jauh kelihatan bendang gandum soba di sekitar rumah nenda
lantas menangis
jagung merah jenis itulah
tergantung, lama-lama
di bawah tubir bumbung
angin pemerintahan zaman Hsuan T'ung sedang bertiup.

Engkau semua selamanya takkan mengerti
jagung merah itu
cara ia tergantung di situ
dan warnanya
anak perempuanku yang lahir di selatan juga takkan mengerti
Emile Verhaeren juga takkan mengerti.

Seperti kini
aku telah tua bangka
di bawah tubir bumbung ingatan
jagung merah masih tergantung
angin tahun 1958 masih bertiup
jagung merah tetap tergantung.

Badut Dalam Sarkas

Mengenakan dasi merah ini
di bawah bunga setanduk hitam
wahai zebra, oh sayangku
di bawah pokok ara yang mencuit hati
yang kumilik pada zaman kanak-kanak itu
pada bumi dan jam nun di sebelah sana

Esok hendak ke sana
di bawah kain kanvas yang sukar diterima coraknya
mengenakan dasi merah ini
hidung yang tertapai
wajah kedua
esok hendak ke sana

Di bawah topi yang benar-benar hiba
tersenyum wanita berdarjat
menggegarkan pagoda pada kipas tangan berlipat
tersenyum wanita berdarjat
mentertawakan aku di antara zirafah dan kijang
bercampur benda entah apa

Dan dia masih berada pada ayunan
di bawah tali yang mengidap radang usus buntu
menatapku bagaikan sebatang paku kelam dan murung

tetap bercium dengan sang peniti tali
tetap jatuh ke bawah
tetap menolak musim semiku yang tinggal tak seberapa

Di bawah bunga setanduk hitam
wahai harimau dahan, oh sayangku
cahaya rembulan melolosi jeriji besi
menggebarkan kain flannel corak petak pada tubuhmu
di bawah pokok ara yang mencuit hati
mengenakan dasi merah ini

Paris

Nathanael, berkenaan ranjang bisa aku bilang apa-apa padamu?
--Andre Gide

Di bibirmu ada sepatu baldu yang lembut
menginjak melintasi mataku. Di kala senja, jam enam senja
pabila sebutir meteor menyerang ku hingga pengsan, Paris pun memasuki
sifat pemalu kepunyaan zaman sebuah ranjang

Di antara akhbar petang dan langit berbintang
ada darah tersimbah di atas rumput
di antara bumbung rumah dan kabut
bunga rosmari mengembang dalam rahim

Kau adalah lembah
kau adalah sekuntum bunga bukit yang kelihatan menarik
kau adalah sebutir kuih pai, berketar dalam warna kelabu tikus
penakut dan mengunyah secara curi-curi

Sebatang rumput bisa mengangkut berapa kebenaran? Tuhan
pabila mata terbiasa dengan bunga popi pada tengah malam
dan langit kualiti baldu telapak sepatu;
ketika pembuluh darah bagai tumbuhan tali putri
dari lututmu melingkar ke selatan
masih salju tahun lalu mengingati jejak yang mengkasari ?

Tuhan
pabila seorang bayi mengutuk tali pusat dengan sayup-sayup tangisan sengsara
pabila tahun depan dia melindungi muka dan melintasi *Notre Dame*
kepada yang tidak memberi apa-apa, lucah sifatnya, dan era kepunyaan
ranjang

Kau sebatang kali
kau sebatang rumput
kau adalah jejak kaki yang tak mengingati, salju tahun lepas
kau adalah wangian, sepatu wangi

Di antara Sungai *Seine* dan penaakulan
siapa memilih kematian
di antara keputus-asaan dan Paris
hanyalah menara yang menopang syurga

Kolonel

Ia sebenar-benarnya baka lain bunga mawar
terlahir dari unggun api
dalam bendang gandum kuda mereka tersua perang terbesar
dan sebelah kakinya mengucapkan salam berpisah pada tahun 1943

Pernah dia mendengar sejarah dan ketawa

Apakah yang dikatakan abadi
ubat batuk pisau cukur sewa bilik bulan lalu dan sebagainya
di bawah perang terputus-putus mesin jahit sang isteri
dia berasa satu-satu yang dapat menawannya
adalah matahari

WU SHENG

Wu Sheng (1944-), lelaki. Nama asal beliau ialah Wu Sheng-xiong. Anak kelahiran Daerah Changhua, Taiwan. Berkelulusan dalam jurusan Penternakan dari Sekolah Pertanian, Pingtung. Kemudian mengajar di Sekolah Menengah Xi Zhou, daerah Changhua. Dijemput untuk menghadiri *International Writing Program* (IWP) di *University of Iowa*, Amerika Syarikat pada tahun 1980. Kebanyakan penulisan Wu Sheng tertumpu pada sajak, manakala prosa sebagai pelengkap. Karya beliau adalah adunan daripada pengalaman kehidupan realiti, justeru kelihatan mantap dan berbobot, jujur serta memiliki kekayaan tradisi. Beliau telah menghasilkan antologi puisi *Sketsa Kampung Halamanku* dan beberapa antologi puisi yang lain.

Tanah

Saban hari, dari matari terbit hingga terbenam
ibu yang akrab dengan tanah, demikian bilangnya,
anak alur tempatku bermandi
dusun pisang adalah jambanku
rendang bambu ranjangku buat lelap mata menjelang tengah hari

Tiada cuti hujung minggu, tiada cuti liburan
dengan keringat sepanjang hayat, setekunnya
menyirami mimpi yang tertanam di dalam tanah
pada bendang sawah rumahku
musim bersilih ganti, sesudah menuai menanam semula
saban hari, dari matari terbit hingga terbenam
ibu yang tak mengenal lelah, demikian bilangnya,
angin nyaman yang menyegarkan adalah sebaik-baik kipas elektrik
bendang sawah adalah secantik-cantik pemandangan
kecibak air dan kicauan burung adalah semerdu-merdu lagu

Pedulikan ejekan
dari peradaban kota nan jauh, ibu
dalam bendang sawah rumahku
dengan keringat sepanjang hayat, menyirami mimpinya

Pokok Padi

Dalam angin kering
pokok padi seikat seikat, sejuk menggigil
dalam bendang terbiar

Sesudah tengah hari, dalam sinar matahari yang tak berapa panas
tidak juga tiada kepanasan
warga emas kampungku, terlentuk tak bermaya
dalam laman rumah yang serba cabuk
akhirnya seikat pokok padi
warga emas kampungku
siapa masih ingat
pernah menempuhi zaman daun hijau, bunga mengudup, dan berbuah?

Perjalanan hidup dan titik akhir seikat pokok padi
adalah alkisah sejarah
setiap warga penghuni kampungku.

(1972)

Sambar Petir

Sambar petir menyinarkan warna keemas-emasan, memanggil guruh dengan
    marah
raung guruh, mengejar sambil mengusir sang ketakutan
sebentar tadi matahari masih panas terik
belum pun sempat mengelap keringat
kini air hujan meyimbah seluruh badan

Ketakutan kau, puas dinasihati
keangkuhan kau
lekaslah mengelak
setiap kepal tanah tak sabar menanti dibajak
setiap benih tak sabar menanti tujahan akar dan bertunas
di biarkan usah peduli

Sang langit yang mudah berubah wajah
dengan hilai-tawa mengejek
orang yang menyanyi dalam ruang tamu
dengan pelbagai alasan yang menyakinkan
menuduh dengan nada dingin tanpa kemesraan

Nasihat demi nasihat, semua ejekan dan tuduhan
sambar-menyambar petir yang keemas-emasan
kau memang mengerti
terjerit lalu merebah, teman berubah gelap seluruh badan

kau ingat sedalam-dalamnya
kenapa, kenapa tak mengetepikan peralatan bertani?

Rupanya, kayangan juga berkekurangan
pak tani yang rajin membanting tulang
maka ketika ini setiap tahun
pasti mengutus petir yang keemas-emasan
datang ke sawah bendang
dan bendang tanpa sebarang lindungan
hanyalah kau memijak tanah dan menjunjung langit

Nota Penyair
Pada setiap kali peralihan antara musim semi dan musim panas, adalah ketika yang paling sibuk bagi
para petani. Ketika ini selalu menuruni hujan barat laut pada sebelah sore. Malah guruh berguntur
dan petir sambar-menyambar. Sang petani kampungku yang rajin membanting tulang, disambar
petir tanpa tempat berlindung dalam bendang. Peristiwa sedemikian kerap berlaku. Setiap kali
mendengarkan peristiwa sedemikian, aku tak dapat menahan sebak. Namun, apa manfaat puisiku
terhadap peristiwa menyayat hati ini?

Sudut

Amat terangkah cahaya bintang nun di kejauhan
kalau tak menyinari tanah di bawah kaki
untuk siapa lagi ia menunjuk-nunjuk diri
terlampau luaskah iras mata bebas berkelana
kalau tak mengendahkan gunung dan kali di sisi
adakah tersirat kesombongan

Aku juga sentiasa tersangat cemburui
mendengar ucapan berkobar-kobar kecenderungan arus dunia
cuma sedikit sangsi
tiada titik pendirian
jejak yang merayau tak menentu seperti burung pindah musiman
mana-mana juga adalah tanah asing dan sempadan

Sebenarnya aku selalu hati-hati meragui diri sendiri
sepanjang tahun menjaga sawah bendang di desa
adakah berpandangan sempit dan tersasar dek kata orang

Dalam bandingan dan renungan berulang kali
barangkali begini pendapatku
setiap bendang keanggunan berubah mengikut kitaran musim
sudut yang menumbuhkan setiap pohon tanaman
bisa juga menaksirkan kekayaan makna antarabangsa

Kiranya aku berpandangan sempit dan tersasar
adalah terhadap tanah yang aku berdiri
kecintaan terhadapnya masih kurang mendalam

Usah Kami Berbicara

Usah kami berbicara tentang seni persajakan
usah kami berbicara tentang makna metafora berbelit-belit dan kabur
sila meninggalkan kamar membaca
biarku membawa kau menzirahi bendang dan padang yang luas terbentang
melihat sendiri bagaimana tunas muda merata-rata
dalam diam gigih menumbuh diri

Usah kami berbicara tentang hidup dan kehidupan
usah kami berbicara tentang arus pemikiran yang esoterik lagi mistik
sila meninggalkan kamar membaca
biarku membawa kau menzirahi bendang dan padang yang luas terbentang
merasai bagaimana air kali yang sejuk-nyaman
menyirami dengan senyap alam raya

Usah kami berbicara tentang masyarakat
usah kami berbicara tentang perebutan yang menyakiti hati
sila meninggalkan kamar membaca
biarku membawa kau menziarahi bendang dan padang yang luas terbentang
menziarahi kumpulan pak tani
menyimbah keringat dengan sepi

Kau telah lama membiasai hingar-bingar di ibu kota
arghhh, seni persajakan, kehidupan, dan masyarakat!
telah banyak diperdebatkan

ini adalah musim semi yang terdesak menanti semaian
tapi kau jarang berkesempatan berkunjung ke desa
biar aku membawa kau menziarahi bendang dan padang yang luas terbentang
menghayati bayu musim semi
menghembus lembut muka bumi

Musim Tengkujuh

Marilah berokok
marilah minum arak suam
cis, cuaca ini

Marilah berbual
menghiburkan anak gadis orang lain
cis, cuaca ini

Marilah merungut dan marah
cubalah hitung upah kerja dan harga barang
cis, hidup ini

Sepatutnya datang tapi tak datang, yang tak patut datang
mencurah tak berhenti
nak curah curahlah
cis, hidup pasti berlangsung

(1972)

Kata Pendahuluan

Jauh sebelum zaman dulu
penghuni kampungku
sudah tahu melangut lalu mengimbau
dada langit kampungku
mempamerkan suasana yang endah tak endah
tak mengendah cuaca redup atau langit biru

Jauh sebelum zaman dulu
bayangan bukit yang semakin mendekati kampungku dari kiri
adalah catan dakwat besar
yang sepi tertekan
tertampal pada wajah warga sekampungku

Jauh sebelum zaman dulu
moyang turun-temurun, di tanah inilah
yang tak menumbuhkan kekayaan dan kemakmuran
dan tak menghasilkan keajaiban
dengan hujan keringat asin
membiakkan jurai keturunan yang akur pada suratan

(1975)

Tanah

Tubuh bertelanjang, tiada kaitan dengan berglamour
berkaki ayam, tiada kaitan dengan puitis
malah berkeringat sambil membaca coretan sendiri
mendedangkan isi kalbu sendiri
tiada kaitan dengan santai diri, lebih-lebih lagi tiada kaitan sama ada
tercatat dalam lembaran sejarah atau sebaliknya

Sebaris demi sebaris jejak yang canggung
menyusuri sawah bendang yang terbentang luas, juga menyusuri titik peluh
  moyang
yang tak berhenti menetes
mencatat pada tanah yang tulus ikhlas
tiada perebutan, tiada pertelingkahan, hanya diam diri sambil menanti

Sekiranya berbunga dan berbuah beberapa
betapa gembira mempersembahkan kesyukuran
sekiranya mengalami serangan penyakit tumbuh-tumbuhan
atau ribut taufan yang ganas
menelan semua jejak yang penat tercatat padanya
tak berduka, tak mengeluh, teruskan perjalanan yang belum selesai

Tak membawa senjata dan pedang
juga tak membincangkan kitab membicarakan ajaran para malim dan pendeta
perjalanan yang menekuni kerja mencangkul dan membajak

suatu hari nanti, sekiranya terpaksa berhenti
rela rebah menjadi tanah sebidang
yang luas dan tulus ikhlas

(1975)

Dalam Rimbunan Pohon Di Negara Asing

Tak pernah mendengar desiran bayu
menghantar berita yang begitu dinanti-nantikan
tak pernah mendengar kicauan burung
memanggil nostalgia yang begitu jauh
tak pernah mendengar kecibak air
membisikkan kerinduan yang sedemikian lembut

Dalam rimbunan pohon di negara asing
setiap senja, berhulu-hilir di tepi kali
mengejutkan daun-daun yang berselerak seraya berbisik dan mengeluh
mereka juga memahami diri ku
banyak kerinduan dan kenangan yang ingin diluahkan

Dalam halunisasi bersiar-siar itu
segala jenis bunyi dan suara
bertukar menjadi jutaan ucapan
mengongoi dan mengongoi
persis daun willow di tebing kali bergoyang lembut
membelitku dengan setiap utas benang

Ujaran usia muda itu
betapa lama, kami tak ingin menyentuh lagi
bukan kerana telah tawar, apatah dilupai
sebetulnya, tak disangkakan ada sedikit tersipu-sipu

Dalam tuntutan keperluan hidup yang kekurangan puitis itu
dalam hutang-piutang yang ditangguh tahun demi tahun
dalam setiap kali bertegang leher dan menahan amarah
ia disembunyikan lebih mendalam dan menebal

Baru beberapa hari meninggalkan tempat asal
seolah-olah telah menempuhi hari-hari yang panjang
setiap senja, dalam rimbunan pohon di negara asing
segala jenis bunyi dan suara
bertukar menjadi jutaan ucapan
mengongoi dan mengongoi
seperti daun *willow* di tebing kali bergoyang lembut
membelitku dengan setiap utas benang

(1981)

Dilema Paling Besar Menulis Sajak

Dilema paling besar menulis sajak
bukan bertungkus-lumus merenung
bukan gigih mencari walaupun terlena
bukan pertimbangan pemilihan diksi

Dilema paling besar menulis sajak
bukan sepanjang tahun mencipta sajak bertemankan kesepian
tanpa sebarang respons
bukan menghitungkan nama dan glamour
mengundang sindiran dingin teman seusia

Dilema paling besar menulis sajak
bukan kerana dasar kalbu
perasaan puitis yang sebentar-sebentar bergelora dan saling bertarung
tak kuasa menumpaskan satu persatu

Dilema paling besar menulis sajak
bukan merenung terus kekurangan hidup dan kehidupan
malah tidak membantu realiti
bukan terpaksa sepi menanggung keperitan dunia
setelah dimampat kecil dimampat kecil lagi

Sekalipun menitik darah dalam kalbu, terpaksa tabah mencari
bekas darah yang terbeku

Jadi, dilema paling besar menulis sajak
barangkali adalah selain dari menulis sajak
entah ada apa-apa kaedah lain
bisa melawan dilema jiwa yang maha besar

(1997)

LEE YU-CHENG

Lee Yu-cheng (1948-), pernah menjawat jawatan Felo Penyelidik dan Pengarah Institut Pengajian Eropah dan Amerika Syarikat di *Academia Sinica*, Taiwan. Beliau pernah tiga kali memperoleh Anugerah Penyelidik Unggul Kementerian Sains dan Teknologi, Taiwan, Hadiah Akademik Ke-62, Kementerian Pendidikan Taiwan, dan terpilih sebagai Alumni Terbaik Ke-8 *National Taiwan Normal University*. Kepakaran utama beliau ialah Sastera Keturunan Asia dan Afrika dalam Kesusasteraan Amerika Syarikat, Kesusasteraan Inggeris Kontemporari, Kesusasteraan Mahua, Teori Sastera dan Kritikan Budaya, dan sebagainya. Beliau banyak menghasilkan buku akademik. Di samping itu, beliau juga menghasilkan puisi. Antara lain ialah kumpulan puisi perseorangan *Burung dan Lain-lain, Masa, Rama-rama Tersesat*, dan sebagainya. Selain menulis puisi, beliau turut menghasilkan kumpulan prosa dan esei, termasuk *Di Hadapan Arca Mahatma Gandhi: Notaku Berkenaan Kota London*, dan *Memori Tentang Puisi Dan Lain Lain*.

Menziarah Perkuburan Peristiwa Mangsa 13 Mei

1

Terik matahari barangkali seperti lima puluh tahun lalu
tergantung tinggi dalam angkasa bermega, asalnya sekeping tanah terbiar
semak senyap-senyap tumbuh menjalar, pepatung berterbangan
kupu-kupu menari riang, belalang turut bersedia meloncat
kawanan burung berkicauan, namun tiada siapa pun kisah tenaga hidupnya
bagaikan suara yang parau, bertegas
menyanyi dengan nada rendah, nasib yang semakin hari semakin berubah
ketika angin bergerak, hanya awan mengintai
berita apakah yang berlaku dalam dunia ini?

Terlalu mengejutkan kehadiran berita ini
sebenarnya ada apa perkiraan berita ini?
cuaca cerah berawan gelap, takkan
gejala semulajadi, rumput dan pokok sepatutnya
menumbuh subur, tak disangka bisa menyerang dari bahagian akar
meranggas. Dari mana sebenarnya berita ini?
tatkala dendam laksana rumput jalar meliar
angin terhenti berhembus, matahari menjadi terik
asap hitam menjulang naik meliuk-lintuk di kejauhan
cuba membayangi ruang angkasa kota
berita berbau hanyir darah, mulai saat ini dari realiti
menceroboh ke dalam kegelapan malam lembaran sejarah
masih ada orang ingat, hari ini:
13 Mei 1969

2

Maka kami pun bertolak! Lima puluh tahun kemudian
terik matahari masih sama, sama seperti hari itu
semak dipijak menjadi sebatang denai
tanah lumpur sesudah hujan, jejak yang terlewat tiba
becah menghalang perjalanan. Marilah kami bertolak!
awan memandang ke bawah, sesudah mendengar rusuhan
kebisuan lima puluh tahun ini
terlalu sunyi sepi, lara duka
barangkali adalah suatu pencerahan
suatu penantian, bagaikan timbul tenggelam lumrah dunia
bagaikan luka yang payah dijahitkan masa
apakah ini suatu pilihan tak diduga?

Dalam lingkungan pagar kawat berduri
lebih seratus buah batu nisan, lebih seratus buah
cerita yang terlarang disebarkan
hanya kerana tak sempat diluahkan, membisu
bukanlah bermakna tak berbahasa, setiap batu nisan
sama ada terasing atau yang kenal, yang bernama
atau tak bernama, kejutan dan debaran masih belum reda
masih tak mengerti sesudah lima puluh tahun:
apa yang terjadi sebenarnya hari itu?
dari saat itu menuntut banyak nyawa
roh tertunggu-tunggu saat bisa berehat tenang, dalam liang besar sejarah?

Tiada naratif, tiada inskripsi
sejarah yang diringkaskan, hanya tinggal
pelik, kabur. Tiada buah-buahan buat pemujaan
juga tanpa tapai beras termendak, berkabung
terlewat lima puluh tahun, lalang tumbuh bersisian
tumbuh subur saban tahun, matahari terik tergantung tinggi
melintasi lapisan awan yang tak menentu
pepatung dan kupu-kupu berhulu-hilir dan bercandaan
belalang sepantas meloncat, unggas dan mergastua
kicauan antara bunyi jangkrik, sama seperti hari itu
Mari kami bertolak! Meskipun membisu seribu bahasa
Tak bermakna tak berlaku apa-apa.

(Taipei, 1 Julai 2019)

Nota Penyair
Tiba di Kuala Lumpur pada sebelum tengah hari tanggal 24 April 2019. Sdr. Khor Teik Huat dan isterinya Teoh Hooi See datang menjemput di lapangan terbang, lalu terus membawa saya dengan keretanya menziarah Perkuburan Mangsa Peristiwa 13 Mei. Lokasi tanah perkuburan terletak dalam kawasan Masjid Ibnu Sina, Sungai Buloh, tidak jauh dari kota Kuala Lumpur. Hospital Sungai Buloh terletak di sebelah masjid. Sebelah lain tanah perkuburan adalah bekas tapak pusat kawalan kusta bernama Leprosarium Sungai Buloh atau kemudian dikenali sebagai Lembah Harapan. Kini ia dijadikan pusat hortikultur yang terbesar di sekitar daerah Kuala Lumpur. Malaysia mengadakan pilihan raya umum ketiga pada 10 Mei 1969, walaupun gabungan parti Perikatan memperoleh jumlah kerusi majoriti, namun jumlah undi yang diperolehi parti pembangkang melebihi gabungan parti Perikatan buat kali pertama. Pada 11 Mei, parti pembangkang mengadakan perarakan kemenangan di Kuala Lumpur, mengundang ketidak-puasan parti UMNO, sebuah parti dalam gabungan Perikatan, lalu mengadakan perarakan protes. Pada 13 Mei ia berubah menjadi rusuhan

kaum, dinamakan sebagai Peristiwa 13 Mei. Berkenaan punca rusuhan, pihak pemerintah dan rakyat kebanyakan mempunyai naratif yang berbeza. Jumlah korban belum ada ketetapan sehingga kini. Perkuburan Mangsa Peristiwa 13 Mei Sungai Buloh adalah nama yang diberikan oleh rakyat kebanyakan, ia bukanlah nama rasmi. Tanah perkuburan tersebut sebenarnya adalah tapak menanam mangsa yang terdiri daripada sebuah liang besar. Kemudian ia diuruskan oleh rakyat kebanyakan barulah menjadi keadaan sekarang. Cuma tiada tugu peringatan didirikan untuk merekodkan punca tercetusnya rusuhan serta hujung pangkalnya. Peristiwa tersebut berlarutan sehingga kini dan telah menjangkau setengah abad. Pihak pemerintah tetap mengkelaskannya sebagai sulit, dan tidak ingin berbicara banyak. Kebelakangan ini rakyat kebanyakan beransur mengadakan majlis peringatan ala kadar. Pada ketika peristiwa tercetus, saya tinggal di bandar satelit Petaling Jaya. Saya masih ingat suasana ketika itu merbahaya, kebenaran tak terbukti; sesudah lebih setengah abad, pertama kali menziarahi tanah perkuburan mangsa, rasanya roh mangsa berkeliaran dan masih terawang-awang, lima puluh tahun hingga kini tetap enggan beredar.

Aku Bertanyakan Ali Seorang Teman Turki Satu Kemusykilan Berkenaan Identiti

Aku bertanyakan Ali seorang teman Turki satu kemusykilan berkenaan identiti:
"Apakah kau sebenarnya orang Eropah,
atau orang Asia?"

Masa: 14 September 2006
Lokasi: Bandar Murcia, tenggara Sepanyol
Tempat: Sebuah seminar membincangkan identiti dan bangsa China dalam sastera

Ali termangu seketika, seolah-olah tak percaya:
"Ini adalah soalan politikus,
disebabkan mereka tak mampu menyelesaikan masalah
maka terpaksalah terus-terusan membikin masalah."

Aku terkilan lalu menunduk:
aku seorang sarjana,
tapi bertanyakan Ali soalan seorang politikus.

(Taipei, 14 September 2006)

Aku Bertanyakan Ali Lagi Seorang Teman Turki Satu Kemusykilan Berkenaan Identiti

Aku bertanyakan Ali lagi seorang teman Turki satu kemusykilan berkenaan
   identiti:
"Apakah kau sebenarnya orang Eropah,
atau orang Asia?"

Masa: 17 April 2008
Lokasi: Istanbul, Turki
Tempat: Sebuah seminar membincangkan isu gender dan identiti

Ali termangu seketika, merenung agak lama
akhirnya tersenyum menampakkan gusi:
"aku tak semestinya orang Eropah,
juga tak semestinya orang Asia
aku bisa saja orang Mediterranean."

Aku menunduk duka:
aku bertanyakan Ali soalan seorang politikus
Ali memberikanku jawapan seorang sarjana pula

(Dalam penerbangan dari Istanbul ke Taipei, 23 April 2008)

Dialektika Rasisme

1. Positif

Dia terbangkit dari mimpi
langit dinihari, alam mimpi samar-samar
bagaikan rembulan cacat di kaki langit
muka rembulan terlindung di sebalik mega
dia masih ingat taman dalam mimpi
dalam taman ada sejenis bunga putih
hanya sejenis bunga putih
dalam taman ada sejenis pokok hijau
hanya sejenis pokok hijau
dalam taman ada sejenis burung berwarna
hanya sejenis burung berwarna
dia bingung
bunga putih pokok hijau burung berwarna yang tulen lagi seragam dalam taman

2. Negatif

Dia terbangkit dari mimpi
langit terang benar, jalan pekan di luar jendela
hingar-bingar, dia terdengar
berita televisyen mengomel
dia masih ingat, setelah menyeberangi jalan besar
ada sebuah taman

bunga kembang serentak, keharuman bertanding kecantikan
pokok yang tinggi-rendah, anak pokok yang banyak dan pelbagai jenis
dan kicauan burung
saling bersahutan

3. Berpadu

Dia terbangkit dari mimpi
antara alam mimpi dan alam realiti
berhulu-hilir, kehilangan arah

(Dalam perjalanan di Berlin, 2 Jun 2014)

Menziarahi Kediaman Karl Marx

Berpandukan senaskhah *Panduan Menjelajah Kota Trier* yang nipis
melalui gerbang Porta Nigra, melewati
zaman pemerintahan Roman yang cacat
melewati Central Market Square
pilar Market Cross
telah menjadi perkara purba ribuan tahun
di bawah pilar Market Cross
di antara bazar dan gereja
tuan, kau pernah memikirkan apa?
Brückengasse 10
keanggunan gaya Baroque masih bertahan
tuan, maaf tak memberitahu lebih awal
melawat tiba-tiba, malah dengan
empat Euro, alami semula sebuah babak pergolakan
perkara lama yang bergelora
bergolak ketika masih hidup, bergelora sesudah meninggal
tuan, kalau kau balik lewat malam
mengelilingi koridor berselekoh
di antara sebuah kamar dengan kamar lain
kamar yang kosong
aksara pada dinding, gambar pada layar
bagaimana kau nak mengecam
sejarah yang dianyam dengan aksara dan gambar?

Tokoh seratus tahun dahulu kini menjadi semangat syaitan semuanya
kalau kau balik lewat malam
persekiran lengang belaka, hanya kedengaran sejarah
melolong, merintih
tuan, bagaimana kau nak berdepan
dengan golongan terbanyak dan tak pernah bersua muka ketika masih hidup
setelah mati berebut-rebut memuja kau
menggamit semangat kau
dengan bahasa yang asing?
bagaimana kau nak mempertahankan hujah sendiri
yang mana sahih? mana pula terlencong?
nama kau yang merah cerah
tugu tembaga kau
dalam gejolak ombak sejarah, timbul tenggelam
sejauh mana benar? sejauh mana pura-pura?
sesungguhnya kau lihat
sebenarnya kau, atau syaitan khayalan?
kalau kau balik lewat malam, tuan
kau cuma bisa berjalan sepi kesendirian, koridor berselekoh
di antara sebuah kamar dan sebuah kamar lain
di antara keserakan dan kegalauan
benarkah kau bisa melihat kelibat sendiri?
benarkah kau bisa menemui diri-sendiri?

(Kreta Air, Singapura, 12 Jun 2014)

Nota Penyair

Trier sebuah kota bersejarah di Jerman. Didirikan pada dua ribu tahun yang lampau, dan pernah terjatuh ke tangan pemerintahan Empayar Rom. Malahan pada tahun 3 Masehi, Trier pernah dijadikan sebagai ibu kota Empayar Rom buat jangka masa yang singkat. Pintu gerbang Porta Nigra adalah salah sebuah bukti tinggalan tapak penting pemerintahan empayar Rom. Melintasi Porta Nigra bisa sampai ke medan pusat bazar bernama Hauptmarkt. Di tengah medan terdapat sebatang tonggak bersalib bernama Marktkreuz.

Pada tanggal 5 Mei 1818, Karl Marx dilahirkan di kediaman nombor 10, Lorong Bruckenstrasse, tidak jauh dari Marktkreuz. Namun tidak lama kemudian keluarganya telah mengambil keputusan berpindah ke Lorong Simeonstrasse, tidak jauh dari Porta Nigra. Karl Marx hidup dalam buangan di London mulai 27 Ogos 1849 (atau 28 Ogos 1849) sehinggalah meninggal dunia di kota tersebut pada 14 Mac 1883. Sehingga akhir hayatnya, beliau tak pernah kembali menjejakkan kaki ke rumahnya di Trier. Kediaman nombor 10 di Lorong Bruckenstrasse pernah beberapa kali bertukar milik sepanjang dua ratus tahun lampau. Pada tahun 1972, *Socialist Democrat Party* telah membeli kediaman kelahiran Karl Marx, dan menjadikannya Museum Karl-Marx-Haus. (Muzium Kediaman Karl Marx). Muzium didanai dan dikelolakan oleh Yayasan Friedrich-Ebert-Stiftung. Selain mempamerkan keterangan berkenaan riwayat hidup dan buku Karl Marx, ia juga menerangkan secara ekstensif melalui foto berilustrasi dan tayangan video tentang pemikiran Karl Marx dalam mencetuskan perubahan drastik di seluruh pelosok dunia sepanjang lebih satu kurun yang lampau. Mengambil kesempatan menghadiri konferens di Saarbrucken, sebuah kota lama di barat daya Jerman pada 29 Mei 2014, penulis bersama-sama Prof. Shan Te-hsing dan Prof. Feng Pin-chia bertiga mengunjungi kota Trier. Perjalanan memakan masa satu setengah jam menaiki keretapi dari Saarbrucken. Penulis agak tersentuh dengan perubahan sejarah seratus tahun yang lampau tatkala menyaksikan pelbagai bentuk pameran dalam muzium tersebut. Sajak ini khusus dinukilkan sebagai catatan kunjungan kali ini. Selain itu, saya juga menulis sebuah makalah panjang berjudul "Jom Kunjungi Karl Marx," termuat dalam buku *Di Depan Tugu Peringatan Mahatma Gandhi, Aku dan Sketsa London* (Penerbit Yun Chen, 2008). Buku ini mengisahkan perasaan dan pendapat dua kali penulis menziarahi Taman Perkuburan Karl Marx di kota London, berserta turun-naik dan timbul-tenggelam hidup dan kehidupan beliau sepanjang hayat.

Rama-rama Tersesat Jalan

Seekor rama-rama perang
terhinggap pada lengan panjang jaketku
terpaku tak bergerak, menemaniku
di tengah-tengah kesibutan dalam perut MRT
tiga anak kecil, berdiri di depan tempat dudukku
memperkatakan rama-rama dengan kehairanan
barangkali ini adalah kali pertama
mendekati nyawa yang kecil lagi lemah
laluan Tamsui yang menuju ke Taipei sewaktu senjakala
bersesak dengan penumpang, seketika
rama-rama tadi, bagaikan sebuah keajaiban
menghiasi gerbong menjadikannya tanah lapang terbiar
padang ramputa yang luas, ranting pokok bunga memanjang
angin menghembus longlai
berbanjar-banjar lalang musim rontak, meliuk-lentuk, berlambai-lambaian
di bawah sinar matahari musim rontak, tak terhitung rama-rama bersendaan,
  terbang melayang
tiga anak kecil tadi, rama-rama
tunak mengibaskan kepak
demi kemusykilan mereka yang keanak-anakan
membuka dan mengatup, kemudian mengatup dan membuka
dalam benak sarat ragu-raguan dan kegalauan
aku duduk di tempat warga tua
tak mengerti, keadaan di depan mata
juga tak erti menanganinya

aku juga pernah seperti tiga anak kecil ini
penuh kagum terhadap dunia ini
juga ada padang lapang terbiar dalam kalbu
bisa wujud embun pagi, dan lembayung senja
malah wujud rama-rama, pepatung, pelbagai unggas
mengibaskan kepak terbang melayang keriangan
sang belalang terloncat dari tanah berumput, mengejutkan
makhluk sekitar yang hidup tenang dan selesa
rumput dan pokok hijau lestari, bunga liar beraneka warna
dunia yang hidup bersama dan saling melengkapi
rama-rama terhinggap pada lengan jaketku
masih tak ingin pergi
apakah ia meminta aku memandu jalan, rama-rama tersesat jalan
terlupakan kampung halaman dalam kenangan
dalam kota asing, kesunyian, buncah
tak ketemui jalan kembali ke rumah
meminta bantuanku, mengikutku
mahu aku membawanya balik ke rumahnya
cuma masih terdapat tanah gersang dalam kalbuku
angin semilir berpuput, air larian yang bersih berkaca
bunyi gemersik, ilalang di tebing
pokok kecil menyanyi dan menari, bunga dan rumput menyanyi riang dengan
   suara rendah
irama alam
kini digantikan dengan kerinduan terhadap kampung halaman
yang memilukan. Rama-rama mengibaskan kedua-dua kepaknya
menggamit ingatan terhadap kampung halaman.

Tiga anak kecil tadi mengikuti seorang wanita tua
meninggalkan tren di stesen Dongmen. "Selamat tinggal, sang rama-rama."
kata anak perempuan. Aku meninggikan lengan
dengan hati-hati, biar rama-rama mengucapkan selamat tinggal dengan mereka
kota ini tiada padang gersang
kota ini tidak tua
cuma beransur-ansur hilang ingatannya
kota ini menjadikan rama-rama gagal menemui
orang yang disayangi, gagal menemui
jalan yang bisa memandunya pulang ke rumah.

"Stesen berikut, stesen Da'an Park. Pintu kiri membuka."
penumpang dalam gerbong semakin berkurangan
aku menggalaskan beg, menggalas bersama rama-rama
kerinduan yang berat terhadap kampung halaman, melangkah keluar pintu keluar
    No. 5
berjalan masuk ke Da'an Park
malam semakin pekat, di bawah lampu jalanan yang kekuning-kuningan
aku mencubit lembut pasangan kepak rama-rama
kemudian melepaskan, memerhatikannya bergelut sebelum terbang melayang
aku turut kehilangan kenangan perlahan-lahan
beransur-ansur melupai padang gersangku
kampung halamanku. "Rama-rama tersesat jalan,
harap ingatkanku, bertemu di lain masa
maklumkan padaku jalan kembali ke rumah."

(Taipei, 13 September 2016)

Di Depan Kubur Wisława Szymborska

Terbaring di sini seorang penyajak wanita sekolah lama
seakan sebuah tanda kurungan
                    --Wisława Szymborska, Epitaf

1
Supir teksi menyambut keratan kertas
mengerling lalu bertanya dengan suara rendah:
"Szymborska?"
Krakow, usia kota lama
semakin menua, seratus lima puluh buah gereja
Central Bazaar Square yang menggamit kenangan di merata
malah ada kilang Schindler
hanya untuk menyimpan lagenda yang memilukan itu
kami satu-satunya ingin menziarahi
sebuah perkuburan lama

Racko-vitzky, tanah perkuburan lama
sesudah tahun 1803
pergolakan sejarah Poland, menakjubkan
bagaikan babak demi babak drama tragedi
rebah satu persatu di sini
di tengah rimbun pokok tua yang tinggi
terbaring, hanya semilir menghembus lembut
kepiluan masa di ujung pokok

2

Kami juga mencari dengan merendahkan suara
dalam Racko-vitzky, di antara batu nisan
yang berserakan, bimbang kalau-kalau mengejutkan
kesakitan dan kesayuan Poland yang sudah terlena seratus tahun
apatah lagi bukanlah niat mengganggu
anak dara Krakow yang mulia
tampangan terakhir yang merendah diri itu

Merendah diri, seperti kerikil kelabu keputih-putihan
di sekitar kubur, beberapa buah lampu
tak kunjung padam, sebentar terang sebentar suram
pokok bunga dalam beberapa pasu, kembang bersahaja
beruntung menemani
warga kota Krakow yang tersohor
nama yang menggunakan setengah abad, menjadikan kehidupan seharian Poland
hidup sebagai puisi

3

Tiada inskripsi, tiada eulogi
kediaman penyajak yang terakhir
cuma meninggalkan nama serta tarikh kelahiran dan kematian
inskripsi dan eulogi itu
telah lama terpahat dalam puisi
Poland yang disuburkan puisi
melunakkan sekali gus menyakitkan Poland
dalam pekan, di medan khalayak

dalam kuliah, dalam kafeteria
dalam pelbagai bahasa, di antara generasi yang berbeza

"Tapi apa itu puisi sebenarnya?
sejak persoalan ini mula dibangkitkan, cukup membuntukan
jawapan yang cela bukan setakat satu sahaja."
seni perpuisian tiada hukum-hakam, penyajak kembali kepada Nya
seperti juga silih berganti antara siang dan malam, peredaran empat musim
menurut hukum alam, sama di mana-mana
tiada lagi kepiluan, tiada riang ria, tiada kekangan minda
nama dan jasmani tiada bernilai, dalam Racko-vitzky
selain daripada puputan semilir, gemersik dedaun
selebihnya tiada apa-apa surara

4
Kami datang dari Asia
puisi mengajar kami mempercayai
jarak ribuan batu, seperti
daun gugur sehelai. Perkara yang lazim
bening, misteri, juga mirip suara gugur daun
bisa mengundang imaginasi
bisa menyelami rima jiwa
juga bisa habis dibaca perubahan sejarah

Kami meninggalkan perkuburan dalam sinaran lembayung senja
selain dari gerak angin
semua perselisihan terhenti

segala dendam kesumat, ketakutan dan kegembiraan
membaring tenang, bagaikan daun yang gugur
terbaring tanpa suara
Szymborska, warganegara kerajaan puisi
Racko-vitzky yang tua
menukilkan sekuntum puisi sederhana yang terakhir
tak usah lagi peduli nasib, secara diam-diam
berbaring, tenang-damai.

(Taipei, 4 Januari 2017)

Nota Penyair
Pada akhir bulan Jun 2016 penulis menghadiri sebuah konferens akademik di Warsaw. Seusai konferens pihak penganjur mengaturkan program lawatan budaya ke kota bersejarah Poland bernama Krakow. Menjelang 26 Jun, iaitu pada hari kedua sejurus ketibaan di Krakow, sebelah pagi kami menaiki kereta melawat kem tahanan Auschwitz. Kebetulan hujan mencurah-curah pada ketika itu. Hujan reda selepas tengah hari, hari masih awal apabila kami kembali ke Kratow. Penulis bersama Prof. Shan Te-hsing dan Prof. Hsiung Ting-hui menyewa sebuah teksi bermeter dan meminta pemandu membawa kami ke Perkuburan Rakowicki (Rakowicki Cemetery) untuk menziarah persemadian penyajak Wisława Szymborska. Tanah perkuburan terletak di selatan kota lama dengan keluasan dua puluh enam hektar. Ia mula dibangunkan pada tahun 1800, dan digunakan tiga tahun kemudian. Ketika itu kota Krakow masih di bawah pemerintahan Empayar Austria-Hungary. Dalam sejarah dan budaya Poland, Perkuburan Rakowicki sebenarnya amat bermakna kerana ia adalah tempat persemadian kebanyakan kaum revolusioner, penulis, penyajak, sarjana, artis, saintis, tokoh agama serta tentera yang gugur dalam Perang Dunia Pertama dan Kedua.

Wisława Szymborska dilahirkan pada 2 Julai 1923 di sebuah pekan kecil di Poland tengah bernama Kornik. Pada tahun 1931, seluruh keluarga beliau berpindah ke kota lama Krokow. Szymborska pernah melanjutkan pengajian tinggi di Jagiellonian University pada tahun 1945. Beliau bermula dengan pembelajaran kesusasteraan Poland, kemudian bertukar ke bidang ilmu sosiologi. Malangnya beliau terpaksa berhenti akibat kesempitan kewangan. Disebabkan Krakow adalah sebuah kota bersejarah, dan terdapat banyak gereja, walaupun kota ini ditawan oleh tentera Nazi pada Perang Dunia Kedua, namun ia terselamat dari pembedilan. Ketika tentera Nazi menakluki Krakow, Oskar Schindler memperoleh sebuah kilang membuat peralatan enamel di kota tersebut, lantaran telah menyelamatkan seribu orang pekerja Yahudi. Kini kilang tersebut telah diubah suai menjadi galeri seni dan muzium. Szymborska seumur hidup menetap di Krakow. Beliau meninggal dunia pada 1 Februari 2012 kerana serangan barah dan mati ketika tidur. Usia beliau ketika itu ialah lapan puluh lapan tahun. Dikatakan sebelum kematiannya, beliau giat menyelenggarakan penerbitan kumpulan puisi. Wisława Szymborska dianugerahkan Hadiah Nobel dalam kesusasteraan pada tahun 1996. Namun beliau bukanlah penyair yang prolifik, cuma sekitar tiga ratus lima puluh buah sajak yang dihasilkannya seumur hidup. Ada orang bertanya kepada beliau sendiri sebab karya beliau kurang. Demikian beliau menjawap, "Rumah saya ada sebuah bakul sampah." Puisi Szymborska mudah dan lancar. Bahasa puisi segar dan tidak berlebih-lebih. Diksinya pula mudah namun tersirat makna yang mendalam dan ia terilham daripada kehidupan rutin dan perkara lumrah. Beberapa karya beliau menjangkau ke daerah pengalaman sejarah, menampakkan tanggapan dan pandangan yang meluas serta agak ironi dan berkias. Kata pujian Jawatankuasa Hadiah Nobel kategori kesusasteraan tentang puisi Szymborska berbunyi "Mempamerkan sejarah dan konteks hidupan dalam fragmen-fragmen realiti manusia dengan ironi dan kiasan yang tepat."

Agak payah untuk menemukan kubur Szymborska. Setelah kami tiba ke Taman Perkuburan Rockowicki, kami bertiga mulalah mencari secara berasingan, dan banyak masa telah dihabiskan. Rupanya kubur Szymborska tidak mendirikan tugu. Justeru agak payah bagi kami mengenal-pastinya. Setelah berusaha beberapa ketika, akhirnya kami temui juga. Sebenarnya di atas kuburnya hanya terpahat nama dan tanggal kelahiran dan kematian sahaja. Selain itu tiada kedapatan apa-apa catatan dan hiasan. Simpel dan ala kadar, cukup menonjolkan keperibadian penyair dan kepenyairannya. Lokasi kubur Szymborska adalah sebuah liang keluarga. Abu beliau ditanam bersama dengan kedua orang tua. Justeru catatan pada kubur terdapat nama orang tuanya. Upacara pengkebumian penyair kebetulan menjelang suhu terendah bulan Februari musim dingin. Cuaca sejuk sesejuk-sejuknya. Salji bertebaran bagai hujan bunga. Ratusan hadirin datang memberikan penghormatan terakhir, termasuk Ketua Negara (Presiden), politikus, penyair, penulis, sampailah golongan kebanyakan. Selain dari kaum kerabat dan beberapa kenalan, dikatakan Szymborska enggan menerima kunjungan pada saat akhir hayat. Beliau menumpukan sepenuh masa pada penulisan dan penyelenggaraan penerbitan kumpulan puisi. Oleh demikian, upacara pengkebumian yang dihadiri oleh orang kenamaan dan kerabat bangsawan barangkali di luar dugaan penyair sendiri. Tiga baris puisi pada permulaan bait kedua di bahagian ketiga puisi di atas di petik dari puisi Szymborska berjudul *Some People Like Poetry*. Perlu dinyatakan bahawa terjemahan bait di atas berpandukan versi terjemahan Bahasa Inggeris.

Kyoto Pada Siang Hari Musim Dingin

Kyoto adalah sebuah kota yang mampu membuat orang
berlinang air mata
dengan keanggunannya
                    --Wisława Szymborska, Written in a hotel

Kini telah menyepi
bagai pokok ginkgo pada hari musim dingin
ranting sejuk dan gondol, yang telanjang
adalah parut luka sejarah
cerita ribuan tahun
dibelek sehalaman demi sehalaman, setiap halaman bisa
mendebarkan. Kini sudah menyepi
persis air kali Kamogawa
mericik sambil mengalir ke depan

Masa di Kyoto sebenarnya terhenti
seperti kendi purba yang menyepi dalam muzium
meminta kami berpusing mengelilinginya
menyaksikan dekorasinya, retakan
yang telah dibaik-pulih, masa yang tersimpan dalam retakan
melihat bagaimanakah masa terhampar di depan mata
dalam setiap taman, setiap kuil
di kediaman diraja. Dalam istana Nijo
pada setiap selekoh jalan kota, pada Kyoto

masa terhampar mengikuti kami

satu-satu yang tak tenang, adalah
perbahasan mengenai sebab Kyoto boleh dikecualikan semasa pengeboman
sebenarnya tak mengapa
gadis Korea yang mengenakan kimono
melewati Gion, melewati
jejak salji yang masih menggebar Higashiyama Jisho-ji
di Fushimi Inari Taisha
tetap ada wisatawan berjejeran lewati
kesesakan manusia di Senbon Torii
dan di depan Yasaka Jinja
ada orang berpandukan buku panduan wisata
beroleh mencari sushi ikan tenggiri dan sup tofu

Walau bagaimanapun Kyoto adalah
sebuah kota yang rimas
bergelut untuk terlepas dari masa
bergelut untuk terlepas dari nasib tertentu, peranan tertentu
yang ditakdirkan. Sesudah sejarah pudar
hanya tinggal keayuan dan kesayuan
bagaikan geisha yang menunduk dan lalu tersipu-sipu
antara denai dalam kembang-kembangan, dalam terburu-buru
juga bisa tunak menoleh
melambai pada kenangan. Di luar Stesen Kyoto
selang beberapa tahun, masih ada orang naik berang
menuding-nuding Menara Kyoto

dan dalam stesen, pokok Krismas hiasan yang tinggi
betah mengubah warna lampu yang tampak kasar dan berlebih-lebihan

Walaupun segala-galanya telah lama kembali tenang
namun Kyoto tetap sebuah kota bersejarah
kini kali Kamogawa mengalir tenang
orang masih ingat samar-samar
beberapa kurun yang lalu, Oda Nobunaga mengarah bala tentera melanggar ibu
  kota, dan berkata:
"Ji-youraku. . ."

(Boston, 6 September 2017)

Nota Penyair
Kyoto zaman dahulu terbahagi kepada kota timur dan kota barat, pada masa sama meniru Dinasti Tang, menyamakan kota timur dengan kota Luoyang, kota barat pula disamakan dengan Chang an di China. Disebabkan kota timur mendapat lebih prihatin, kota barat beransur-ansur dikesampingkan. Akhirnya keseluruhan kota Kyoto di samakan dengan Luoyang. Justeru, apa yang dipanggil "youraku" disamakan dengan Luoyang. Dengan demikian, "youraku" merujuk kepada "masuk kota" atau bermaksud "masuk Kyoto." Pada zaman negara peperangan kerap berlaku peristiwa pengkhianatan lapisan pemerintah peringkat bawah terhadap pemerintahan elit. Justeru, "youraku" membawa konotasi politik, bermaksud masuk ke kota untuk menjaga Maharaja dan Jeneral. Hakikatnya ialah menjadikan maharaja sebagai boneka demi menundukkan golongan elit pemerintah. Pada peringkat awal negara peperangan, hanya Oda Nobunaga seorang sahaja berjaya dalam youraku.

Berwisata Di Danau Walden Dengan Ha Jin Pada Awal Musim Rontok

Marilah kami bertolak, menyusur tebing danau
seratus enam puluh tahun kemudian
langit bukanlah langit ketika itu, awan
bukan awan ketika itu, danau
juga bukan danau ketika itu
masa seperti daun dan tanah gambut dalam rimba
berlapis-lapis menutupi jejak Henry D. Thoreau
cuma tinggal senaskhah buku berjudul *Walden*
sebuah tapak rumah kecil buat kenangan sang penziarah
bagaimana kami nak berimaginasi
sebuah rimba dengan sekalian unggas telah serak kicauannya
kicauan burung seriawan, tekukur kaki merah dan sang seruk gunung juga pernah
    tingkah-meningkah
juga pernahkah di antara pokok alder dan oak
terbang bersimpang-siur? burung lang tiram mengepak
hidupan akuatik faham selok-belok dunia, namun telah pandai menyembunyi
atau berimaginasikan sebuah rimba berpaya di mana sekalian mergastua
    kehilangan suara
tiada lolongan serigala, tiada dengkang kodok
cerpelai tak lagi bersuara
tinggal sebuah dunia yang garau

Marilah kami bertolak, mengelilingi danau

denai dua kilometer setengah
melihat banjaran gunung bayangan pokok mencipta panorama buat muka danau
bayu bertiup sepoi-sepoi bahasa, cahaya dan bayangan yang terpantul
dalam kesederhaan dan sepi-lengang
bagaimana kami nak meniru gaya Thoreau
berimaginasikan saujana padang rumput Siberia
selepas berperang, berperang lagi
sesudah revolusi masih revolusi
kalau danau kontang, bagaimana kami
berimaginasikan Danau Walden?
bagaimanakah memerihal dengan Thoreau, tentang tahun-tahun kebelakangan
dunia asing di luar rimba?

Thoreau pernah membaca *Analect* di kala waktu malam
"tuan berhajat mengurangkan kesilapan sendiri tapi belum termakbul."
alam semulajadi kehilangan tertib, adalah permulaan segala
kekalutan, dunia ini menghidap
penyakit delusi, hanya disebabkan kekuasaan dan keangkuhan
begini jadinya, marilah kami bertolak
biar danau terbaring sepi
biar angin semilir menampan muka danau di bawah cahaya musim rontok
langit bukanlah langit ketika itu, awan
juga bukan awan ketika itu, danau
jauh sekali adalah danau ketika itu
jadi bagaimana Thoreau nak berimaginasi
hiruk-pikuk dan kemarahan di luar Danau Walden
bagaimana pula beliau nak memahami
puisi kami yang sedikit samar-samar

Nota Penyair

Pada 1-15 September 2017, penulis bertamu dan menginap di Somerville berdekatan dengan *Harvard University*. Tanggal 9 September kebetulan adalah hari Sabtu, Ha Jin memandu kereta membawaku melawat Danau Walden (*Walden Pond*), tidak jauh dari Boston, serta kediaman asal Ralph Waldo Emerson di pekan Concord. Danau Walden seluas dua puluh lima hektar (bersamaan enam puluh satu ekar), jarak keliling danau ialah dua poin tujuh kilometer (bersamaan satu poin tujuh batu). Ia sekadar sebuah danau kecil. Namun ia dikelilingi pohon-pohon rimba yang subur, jenis pokok juga agak pelbagai. Malahan ia terkenal di dunia disebabkan buku Henry David Thoreau berjudul *Walden* (Danau Walden), atau *Life in the Woods* (Kehidupan dalam Rimbunan). Sejak 4 Julai 1845 hingga 6 September 1847, Thoreau membina sendiri sebuah rumah sederhana di atas sebidang tanah milik Ralph Waldo Emerson di tebing Danau Walden. Thoreau telah mendiami di situ selama dua tahun dua bulan dan dua hari. Di kemudian hari, beliau telah menyiapkan sebuah buku, diberi judul *Walden*. Buku tersebut mencatatkan apa yang dilihat dan difikirkan sepanjang dua tahun menginap di tebing danau. Buku diterbitkan pada tahun 1854. Walau bagaimanapun, pengisahan dalam buku dipendekkan menjadi setahun sahaja. *Walden* adalah karya agung kesusasteraan Amerika Syarikat. Kebetulan tahun ini adalah ulang tahun ke dua ratus kelahiran Thoreau, terdapat pelbagai aktiviti kenang-kenangan. Buku tersebut mendapat sambutan hangat ekoran kemunculan perspektif kritikan baharu belakangan ini. Sepotong ayat dalam baris kedua bait kelima puisi tersebut berbunyi "Tok guru ingin mengurangkan kesilapan sendiri, namun hasrat beliau tak kecapaian" telah dipetik dalam bab dua buku *Walden* berjudul "*Where I lived, and What I Lived For*" (Tempat Aku Diami, dan Aku Hidup Untuk Apa?). Ayat tersebut asal dari ayat 14.25 dalam buku *Analekta*, bermaksud, "Qu Bo Yu mengutus wakil menziarah Confucius. Maka Confucius menjemput tamu tersebut duduk sambil bertanya, 'Tok guru sekarang sibuk tentang apa?' Tamu menjawab, 'Tok guru berusaha untuk mengurangkan kesilapan sendiri, namun hasrat beliau tak kecapaian.' Tatkala tamu telah pergi, lalu Confucius mengeluh, 'Wajarlah sebagai seorang utusan! Wajarlah sebagai seorang utusan!'" Kita dapat ketahui dari jawapan utusan kepada Confucius bahawa Qu Bo Yu adalah seorang yang rendah hati, sekalipun beliau berusaha untuk mengurangkan kesilapan sendiri, namun dengan rendah hati beliau mengatakan kemampuan diri tak kesampaian. Memanglah jijik dikaitkan dengan sesetengah kelas berkuasa yang angkuh dan bertindak sewenang-wenang pada masa sekarang.

(Taipei, 23 Oktober 2017)

Kembali Ke Kampung Nelayan Menjelang Larut Malam

Kembali ke kampung nelayan menjelang larut malam
suami anak saudara perempuan memandu kereta, anak saudara lelaki ikut sama
kereta mengikut jalan kecil dalam kegelapan
berhenti di depan rumah putih yang baharu dibaik-pulih
adik perempuan membuka pintu, bertanya:
"Dah makan bang?"

Kembali ke kampung nelayan menjelang larut malam
adik ipar sudah tidur awal, dalam rumah besar sebegini
kipas memusing senyap
suara televisyen direndahkan
bimbang mengejutkan jiran yang telah lama berehat
atau pokok nyiur yang sunyi sepi di sekeliling rumah

Kenangan bagaikan lelayang putus tali
terapung dan berayun di angkasa
jam tua pada dinding ditukar dengan jam elektronik
bandul telah tiada, tak kedengaran lagi bunyi berdetak
cuma dimaklumkan si anu telah meninggal dunia beberapa tahun lalu
anak si anu pula kini bekerja di Singapura

Rumah tua masih di situ
rumah yang lebih tua telah dirobohkan
adik beradik berkurangan, pergi mengikut orang tua

generasi berikutnya bagaikan benih dandelion
demi mencari tanah gembur yang baharu
menerawang ditiup angin

Setelah berdiam seketika
adik perempuan berkata dengan merendahkan suara:
"Esok buat kari masak udang ikan masin!"
anak saudara lelaki dan suami anak saudara perempuan bersedia nak pergi
aku menepuk bahunya, berpesan:
"Selalulah balik ziarah mak cik."

Kembali ke kampung nelayan menjelang larut malam
kasih senisab persis buku lama yang terbiasa
dalam belekan yang kerap dan bersahaja
aku seolah-olah nampak pengertian yang baru
juga seperti daun yang dipetik dari ranting tua
guna untuk memanggang bau harum-manis yang terasa asing sekian lama

(Bukit Mertajam, 9 Mac 2018)

CHEN LI

Chen Li (1954-), lelaki. Nama sebenar ialah Chen Ying-wen. Dilahirkan di Daerah Hualien, Taiwan. Lulusan Jabatan Bahasa Inggeris, Universiti Normal Taiwan. Kini beliau adalah guru di Sekolah Menengah Hua Gang, Hualien dan mengajar sebagai pensyarah sambilan di Jabatan Bahasa dan Sastera Cina di Universiti Nasional Dong Hwa. Beliau berkecimpung dalam penulisan puisi dan prosa lirik. Pengkritik Zhang Fenling mengulas karya beliau bahawa puisinya walaupun digarap dari realiti, namun beliau cuba meningkatkan imej ke tahap perlambangan untuk meneroka aspek hermaniutik sebuah puisi. Prosa beliau memanfaatkan sentuhan seni yang tajam untuk mengungkapkan kegembiraan, kesedihan, absurd, dan harapan, juga memaparkan cinta dan kasih sayang yang tak terhingga. Selain dari penulisan karya kreatif, beliau turut terlibat dalam penterjemahan, malah melibatkan diri secara giat dalam aktiviti seni dan sastera di Hualien. Kumpulan puisi beliau termasuk *Kucing Bertentang Mata Dengan Cermin* dan sebagainya.

Jejak Kaki Di Atas Salji

Disebabkan sejuk, memerlukan tidur
tidur
yang pulas, memerlukan
sentuhan rasa bak kelembutan angsa
tertinggal sebaris aksara ditulis semberono pada daerah salji belum membeku
dan hanya menggunakan warna putih, dakwat
putih
disebabkan rasa jiwanya, disebabkan sejuk
maka semberonolah tulisannya
salji yang putih

Pacaran Isteri Tukang Silap Mata

Bagaimana aku menjelaskan kepadamu lukisan pemandangan sarapan pagi ini
air limau menitik dari pokok buah, bersama kali kecil masuk ke dalam cangkir
sandwich adalah malih rupa dua ekor ayam jantan comel
yang keluar dari matahari selalunya di belahan lain kulit telur, tak mengendahkan
  betapa kuat bau sang bulan
meja dan kerusi baru ditebang dari hutan berhampiran
malah kau dapat mendengar suara mengaduh para daun
siapa tahu, walnut itu barangkali tersorak di bawah karpet
tinggal ranjang saja yang ampuh
tapi betapa mesranya dengan Fugue gubahan Bach, disebabkan ia mengundang
  syaki dan isteri tukang silap mata
yang tunak berubah pendirian. Kau terpaksa semalam-malaman, menirunya tidak
  tidur dan berlari pergi
(yang mengejar di belakang letih sampai separuh mati, kebanyakan adalah aku)
aku takut selepas bangun tidur malam masih dia mahu bermain organ, meneguk
  kopi, melakukan senaman demi mencantikkan
eh, adakah yang dimasak dalam topi itu kopi. Siapa tahu
giliran seterusnya seekor nuri yang celoteh malah suka menunjuk-nunjuk
  kepandaian menghafal puisi. Barangkali, sudah sampai giliran aku pula.

(1976)

Di Sebuah Bandar Yang Terus-terusan Dikejutkan Gempa Bumi

Di sebuah bandar yang terus-terusan dikejutkan gempa bumi, aku terdengar
seribu ekor serigala yang jahat berkata kepada anak-anaknya
"Bu, aku telah melakukan kesalahan."
aku terdengar hakim menangis
paderi membuat pengakuan, terdengar
gari terkeluar dari surat khabar, papan hitam jatuh ke dalam lubang najis,
   terdengar
pendeta meninggalkan cangkul, petani menanggalkan mata
saudagar gemuk menanggalkan baju buatan krim dan salap

Di sebuah bandar yang terus-terusan dikejutkan gempa bumi
aku nampak kumpulan barua melutut sambil menyerahkan puki kepada anak-
   anaknya

(1978)

Kali Bayangan

Saban hari, sebatang kali bayangan
mengalir melalui cangkir kami
tempat yang berbintik-bintik bekas kucupan
adalah kedua belah tebing kali
yang hilang berulang-ulang
kamar yang dipenuhi aroma teh memikat kami terlena
yang kami minum barangkali adalah masa
barangkali juga kami sendiri
barangkali orang tua kami yang terjerumus ke dalam cangkir
kami menyauk landskap tahun lalu
dari dasar cangkir yang becak tersumbat
bunga jasmin di segenap pelusok gunung
kelopak bunga yang kembang-kuncup satu persatu
kami melihat dengan mata sendiri air kali yang menyejuk kembali mendidih
mencair-suamkan malam yang kian melabuh

Kemudian kami duduk di depan cangkir yang mulai terang seperti lantera
sambil mencicip teh, duduk
di tebing yang separas dengan mimpi
menanti air teh berubah menjadi air kali
menunggu kumpulan pokok berbunga dan berbuah
sehinggalah, seperti orang tua kami, lalu kami pun memjelma
menjadi sebutir buah
sekumtum bunga kamelia
menyelinap ke dalam bayangan berkali

Di Pinggir Pulau

Pada atlas dunia skala satu nisbah empat puluh juta
pulau kita adalah sebiji butang kuning yang tak sempurna
tertanggal lalu jatuh ke atas pakaian seragam warna biru
kewujudanku kini adalah seutas benang yang telus dan lebih halus dari benang
  lelabah, menerobosi jendelaku yang mendepani samudera
sedaya-upaya menjahitkan pulau dan samudera

Di pinggir zaman yang sepi, di celah antara pertukaran dari tahun lama
ke tahun baharu
gerak hati bagaikan sebuah buku cermin, dengan dingin membekukan
riak-riak waktu
membeleknya, kau nampak halaman-halaman kabur
tahun-tahun lalu, muncul sebentar pada permukaan cermin

Sebutir butang lain yang rahsia
seperti perakam suara yang terlindung, tersemat pada dadamu
merakam, memainkan tingkah-meningkah
memori kau dan memori manusia
kasih dan benci, mimpi dan realiti berbaur
pita rakaman sebuah kesengsaraan dan kegembiraan

Kini, yang kau dengar adalah
suara dunia
degup jantung kau sendiri dengan semua si mati dan yang masih hidup

kiranya kau menyeru dengan ikhlas
kesemua si mati dan yang masih hidup
akan jelas berbicara denganmu

Di pinggir pulau, di sempadan antara terlena
dan terjaga
tanganku menggenggam bagaikan jarum, kewujudanku
melintasi butang yang digesel sehingga licin
oleh tangan-tangan penghuni pulau, menusuk sekuatnya ke dalam
jantung bumi di sebalik pakaian seragam warna biru

(1993)

Cakerawala Kecil (10 Pilihan)

1

Peristiwa besar pada hari sunyi sepi
di bawah matahari musim dingin: seketul tahi telinga
terjatuh ke atas meja buku.

2

Perbarisan memberi penghormatan kepada sang maut:
kasut bersiar-siar kasut kerja kasut
tidur kasut menari

3

Pada malam dingin laksana besi,
saling bertingkahan, mengumpul haba
muzik perkusi tubuh-badan.

4

Semua kepiluan malam mahu berubah menjadi juraian padi
pada hari siang, menanti
tuaian sebuah malam lain yang pilu.

5

"Rumput dan karat besi mana yang berlari cepat?"
sesudah gerimis musim semi, di tepi landasan terbiar,
ada orang menanyaiku.

6
Setelah berkali-kali memecahkan rekod dunia
peserta lontar peluru kita yang keseorangan, langsung
melontar ke depan kepala diri sendiri.

7
Kerana putih gebu kulit badan
sebutir tahi lalat menjadi sebuah pulau: aku mengenang
dalam baju kau gelombang laut bergerlapan.

8
Selipar berjalan sepanjang empat musim: kau ternampak
memijak ke atas papan hitam dan debu, adakah puisi bebas,
nukilan dua kakiku?

9
Ceritera perkahwinan: Kesepian sebuah lemari pakaian ditambah dengan
kesepian sebuah lemari pakaian bersamaan
kesepian sebuah lemari pakaian.

10
Irama Rondo sebentar kuat sebentar perlahan:
tandas pam republik nihil berdendang lagi
lagu kebangsaannya yang kabur dan ambigu

(1993)

Lagu Musim Rontok

Pabila dewa yang tersayang menggunakan mati mengejut
menguji ketaatan kita pada dunia ini
kita sedang duduk pada buaian yang menyambungkan ekor musim panas dan
  musim rontok
cuba mengayun sebuah dinding pengalaman yang sendeng
meminjam sepucuk pin dengan angin yang menyapa

Dan kalau tiba-tiba, tangan yang kita pegang kejap
berlepas dalam suasana senja
pasti kita menangkap tubuh yang sedang berlari pantas di padang datar
melaung sekuat suara kepada kejauhan tak bersempadan
warna, bau, rupa bentuk kita

Persis sepohon pokok meninggalkan kewujudan yang abstrak melalui tandatangan
kita menanggalkan daun dan baju daun satu persatu
menanggalkan kegembiraan, nafsu, pemikiran yang terlampau berat
menjadi seekor lelayang simpel
menyematkan pada bahagian dada orang yang dikasihi

Sebuah pin bentuk serangga yang simpel dan menarik
berterbangan dalam mimpi gelap
memanjat dalam memori setelah disedut keluar air mata dan bisikan telinga
sehinggalah, sekali lagi, kita mendapati cahaya cinta dan
cahaya kesepian sama ringan, dan hari siang yang panjang, hanyalah

adik berkembar malam tak berhujung

Kita pun rela duduk pada buaian yang menyambungkan ekor musim panas dan
    musim rontok, rela membaiki
sebuah dinding yang sendeng dan menanti runtuh
pabila dewa tersayang menggunakan maut mengejut
menguji ketaatan kita pada dunia ini

(1993)

Angin Rama-rama

"Sepuluh ribu ekor rama-rama hemisfera selatan mengketarkan kepak,
   menyebabkan
perempuan sekitar hemisfera utara dilamun cinta kemudian membelakangi cinta
bertaufan dalam mimpi tengah hari musim panas. . ."ayat-ayat ini. Aku terbaca
sebuah buku meteorologi dengan ilustrasi berwarna di meja solek kamar kau
arghhh, berdinding logam, berlantai kaca, aku pernah masuk ke dalam
kemudian tertinggal kunci, gagal memasuki
wisma memori. Kau melukis pada buku dengan pensil alis biru tua
nota penting: "Makanan ruji rama-rama ini ialah puisi cinta, terutamanya
yang pilu, yang sukar ditelan, dan perlu dikunyah beberapa kali"
aku memikir berulang-kali cara mendekati kau: mengeratkan mayat kelmarin
adakah digantung bagai seekor rama-rama yang terawang-awang di luar
   kondominuim tempat tinggal kau? Atau dengan
melayangkan keping-keping stem rama-rama melontarkan bungkusan keinginan
   dan keputus-asaan
di depan pintumu? Dinding logammu yang tertutup dan licin berkilat,
   menyebabkan setiap ekor
yang cuba mendaki, mendekatimu reptilia pemikiran kutersilap langkah lalu jatuh

Maka aku mengimpikan ketaran kepak rama-rama hemisfera selatan, mengundang
   hari musim panasmu
bertaufan dalam mimpi tengah hari, membenarkan bayangan rama-rama yang
   diterbit dan diedarkan secara sulit oleh kepiluan
dipukul, dihentak daun pintu dan jendela sukmamu. Membenarkan sebuah tanda

tanya, setitik noktah, seperti pemutar skru yang kecil
dalam puisi yang belum dihadamkan sepenuhnya
membuka memorimu, membuka penutup bekas minyak wangi lama
di depan ranjang kamar tidurmu, membolehkan kau mendengar semula yang
   tersimpan di dalamnya
nyanyian serangga yang kami dengar sama, gonggong anjing, nyanyian badut yang
   kehilangan hidungnya
membolehkan kau terhidu semula bau keringat yang tersimpan di dalam yang
   kami rembeskan sama dan harum tanah:
dasar tasik yang dalam yang tak dapat dihalang sebuah dialog pada malam musim
   panas

Kini nurani kami terpisah bagai jarak antara dua khutub, walaupun mataku
masih seperti paku payung menatap tajam latitud dan longitud lokasimu pada atlas
aku cuma dapat menukilkan sekuntum puisi, puisi duka, membiarkan rama-rama
   hemisfera selatan berebut untuk mengisi perut
membiarkan mereka mengketarkan sepuluh ribu kepak menjadikan sekitar
   hemisfera utara
kau yang berada di sebalik wisma berdinding logam pencakar langit, bertaufan
   dalam mimpi tengah hari musim panas

(1996)

Terowong

Sedu-sedanmu, menebuk sebatang terowong
jauh dalam tubuhku
pagi ini aku kembali ke kegelapan yang aku biasai
masuk ke dalam rumah sarang lebah milikku
menunggu kepiluan menitik seperti madu

Aku membeku diri dalam masa berwarna amber
disuapi maut yang diimaginasikan, di
gula lembut yang nihil. Sedu-sedan kau
ditatukan dengan senyap pada kuping telinga
bersinar menjadi sepohon pokok hujan yang telus

di hujung terowong

Mencari rupa bentuknya, usah mencari pintu masuknya
sebatang terowong menerobosi hidup yang tertekan lalu mengikat kau dan aku

(1997)

Pembentukan

Aku membela sebuah ruang
dengan kesepian, dan pernafasan
beberapa botol plastik di atas tanah
sehelai cawat warna oren yang sudah dibasuh
menitik-nitik air pada sebatang keluli tak berkarat

Aku membela bau buah oren
tiada syampu rambut. Jentera sayap meluncur

Aku membela aksara tunggal berhuruf kecil
veronica: kain yang tercetak
wajah suci Yesus: suatu aksi pertarungan lembu
(kedua kaki sang matador terpaku, kemudian
mengalihkan kain dari lembu yang menyerang)

Aku membela dan menggantungkan sehelai seluar jean hitam
lemari pakaian dengan sehelai baju T biru

Aku membela sebuah komputer riba yang menunggu masa
disalurkan ke laut dan gubahan ombak

Aku membela sebuah celah:
mengasingkan antara aku dan dunia
menuju ke alam fana yang tergantung di bawah pusat perutmu

Aku membela sebuah negara baharu yang paling kecil
sejarah pembentukan negara yang ruwet dan berkitaran

(1998)

TEE KIM TONG

Tee Kim Tong (1956-), Cina diaspora keturunan Chao An, Guangdong, yang dilahirkan di negeri Pahang, Malaysia. Beliau berhijrah dan menetap di Taiwan pada penghujung tahun 1980-an. Beliau memiliki ijazah kedoktoran falsafah dalam jurusan pengajian kesusasteraan Inggeris dari Universiti Nasional Taiwan, Taipei. Beliau kini menjawat jawatan Profesor di *National Sun Yat-sen University*, Kaohsiung, dan pernah mengepalai Pusat Pengajian Kemanusiaan universiti berkenaan. Ketika berada di Malaysia, beliau telah menerbitkan kumpulan cerpen perseorangan berjudul *Ilusi Burung Putih* dan kumpulan puisi *Puisi Di Depan Mata*. Kumpulan karya pada akhir-akhir ini berjudul *Nun Jauhnya Masa: Sketsa Berkenaan Kesusasteraan Mahua* serta *Perbincangan Berkenaan Nanyang: Kesusasteraan Mahua dan Identiti Budaya*, dan beberapa judul perbincangan akademik yang lain. Di samping itu, beliau juga menyelenggarakan beberapa judul kumpulan pilihan dan koleksi esei akademik. Pada tahun 2019, beliau menerbitkan kumpulan cerpen *Cicak* dan kumpulan puisi berjudul *Seperti Kali Ia Membungkam Diri Sendiri*.

Mereka

--to live and let live

Mereka percaya
pada kasih sayang
bumi
kuda
rantai-rantai manik
bulu kepak
sinar mentari
muzik dan dansa

Mereka
menyampaikan
sambil mengisap
paip rasmi
di bawah pohon ara
berdekatan
sebuah tugu peringatan

Mereka percaya
larian
terpanjang
ialah hidup
persis malam berbintang

tak berhujung
perarakan
awan gemawan

Seperti zarah-zarah debu
dan batu kecil
suara
dan penumbuk
mereka
tergugur ke tanah
baju biru
sudah pudar warna

(1978)

L'oiseau

Menanti sepagian
burung berkicauan melintasi jendela hijau
namun burungnya tak bernyanyi
menanti seekor burung putih memintas seekor burung hitam
namun lakaran kertasnya tiada burung
tiada kicauan bahasa burung
ya, burungnya tak berkicau
dia cuma seorang pelukis tanpa guru
cuma tahu melakar burung dalam lukisan Joan Miro
umpamanya karya "Membongkar rahsia seekor burung cantik" (cat minyak, 1941)
selebihnya, burung apa lagi yang ada pada alam raya
dia tidak tahu. Burung yang dikenalinya
terbang melintasi ribuan gunung dan jutaan kancah
menjangkau penghujung dunia
memasuki papan keras hitam kertas turisnya
namun penonton lukisan asyik berkata,
"Ini bukan burung
di mana burung?"
di mana burung?
pada kertasnya tiada berburung
pada kertasnya tiada pelepah burung tanpa harum puspa
hanya aliran masa menyongsang dalam sepi
persis seekor burung putih terbang memintasi seekor burung hitam.

(1980)

Puisi Bayu Musim Rontok Daun Berguguran

Ingin menahan pemergian suara bunga berkembang musim semi
namun selalunya mati seawal musim panas berangin dan berpasir
adakah halilintar sudah reda atau masih meraung, tiada orang menjawabnya
dengan tubuh kerdil mereka membela air, batu karang dan tanah
sewaktu ombak dungu, takbur dan tamak haloba menghempas tiba
mereka masih mencitakan sebuah tanah cantik dan subur
umpama anak sungai di tengah padang pasir, tampil dalam sorak sorai orang
    ramai
namun selain gelap tak berhujung, apa-apa pun tak terlihat
lalu sesampai badai musim panas mencapai kemuncak
mereka jatuh menyembah antara pusaran air berwarna warni
sebaik bangkit semula barulah tersedar
belum berakhir musim panas tonggeret sudah menyepi
kalau tidak, hanya tinggal sebuah isi hati yang penuh luka
menulis puisi bayu musim rontok jauh di tengah malam.

(1980)

Odysseus: 1981

Sesungguhnya pada penghujung sebuah musim
Odysseus masih ragu dan teragak-agak
apakah semua cinta dan harapan bersungguh telah menyurut
umpama purnama dan bintang di luar Kota Troy
Odysseus masih merenung
pada permukaan tanah bahagia, suatu hari nanti
apakah manusia tak usah lagi saling mengobrol
pelat kampung halaman dan jambak bunga, senyuman dan berkenalan
terpahat pada sajak lama dahulu
atau pada ingatan penyair yang semakin buta dan kehilangan suara
barangkali dalam ingatan tiada perkara berkenaan buangan dan kemarahan
Odysseus melewati jalan panjang pekan
dalam iklim tak menentu, seakan bertahun dulu melintasi tubuh isteri selembut
  sutera
melintasi tema sakral berkenaan cinta dan mati
ia berlaku pada akhir sebuah musim

(1981)

Gerimis Musim Semi

Adalah musim sakura mengembang
dalam kelam malam ada orang merendahkan suara memanggil nama sendiri
dalam gerimis musim semi
ada orang berpaling membalas seru.

Sebuah pasu porselin yang menyepi tetap menyepi.

Akhirnya cuma tinggal sebuah jendela
menyekat lalu membiarkan suara gerimis di luar

Pasu porselin yang menyepi tetap
menyepi.

(1984)

Malam Musim Rontok

Maka lembayung senja pun mengombak dari muka laut, ada orang
tertegun di depan jendela sambil memandang laut, camar warna kelabu
melayah rendah di permukaan ombak bergelora, di kejauhan
sebuah kapal kontena biru tua
melayar ke pelabuhan yang berangin rancak. Hari ini
kau berjalan kembali ke asrama di lereng bukit,
rimbunan pokok yang menumbuhi sebuah busut lain
sudah diwarnai merah musim serumpun demi serumpun, umpama
percintaan yang menjadi dalam semalaman sahaja, dengan warna
memaknai sinaran mentari dan kesepian sebuah masa
di selatan Taiwan. Jendela yang terbuka mengadap teluk,
suara ombak yang melanda telinga bergema,
tergesa-gesa dinyalakan malam pada setiap kapal.
kau berjalan ke tepi pintu lalu membuka lampu,
membelek kumpulan puisi T. S. Eliot yang terhampar di meja baca.
di sisi jendela, pepatung, ular dan lain-lain ulat masing-masing mengulang kata
betapa ia tergilakan musim
jiwa. Segerombolan kupu-kupu terbang mendekati,
menghinggapi kaca jendela malam dingin,
merindui kematian yang hangat dalam kamar.
penumpang seketika di bawah lampu, sambil membaca puisi,
sambil mata menyelongkar di luar jendela.
malam ini, terang rembulan, apakah masih
senyap-senyap, tanpa membawa nostalgia terhadap kampung halaman
bangkit perlahan-lahan, dari muka laut yang bergelora?

Bulan Mei, Salam Berpisah T.S. Eliot

Hujan bulan Mei paling kerap, bunga lilak
berkembang. T.S. Eliot masih selsema
membaca *The Waste Land* dengan tiga suara
"OOOO that Shakespearian rag--"
melintasi lorong panjang waktu senja, hujan curah-mencurah
setiap wajah yang tersua sama belaka

Perempuan yang memakai gaun labuh biru duduk termangu di sofa
membancuh kopi atau memutarkan piring hitam
John Philip Sousa, John Philip Sousa
remang malam menyalurkan memori dan nafsu ke dalam langsir labuh
John Philip Sousa, John Philip Sousa

John Philip Sousa
guruh di kejauhan hilang di hujung lorong
hujan senja membawakan kabus tebal
menjadikan lampu jalanan tujuh buah keraguan
merendahkan tudung baju hujan, segan berpaling muka
sudah diketahui pada tempat berlampu yang jarang
tiada manusia

Sedari awal sudah tahu
yang dimaksudkan nyalaan lampu, sempadan dan kehidupan
yang dimaksudkan fungsi sosial sebuah puisi tahun itu, tahun itu

usia dua puluh, pulang ke rumah meredahi hujan malam
nyalak anjing tak berhenti, tahun itu
Pablo Neruda meninggal dunia, orang menterjemah memoir dan sajaknya
John Philip Sousa

John Philip Sousa
Perempuan berbaju biru duduk sepi seperti Dewa Kuan Yin memerhati dari
  seberang
hari di luar tingkap telah remang
John Philip Sousa
John Philip Sousa
hujan masih mencurah di lorong panjang yang dibanjiri remang senja

Sedari awal sudah tahu
maka berpura-pura belum meredah hujan senja
maka berpura-pura mengimbau semenanjung Tanah Melayu dari selatan Taiwan
  ketika kemuncak musim panas
maka berpura-pura menjadi bunga teratai yang tak reti mengasosiasi rupa-rupa
  adalah Tsurezuregusa
tak kuasa dikembalikan roh. Terpaksalah terus berselsema keesokannya
teruskan T.S. Eliot, terus hidup ke hari tua
terus berangan-angan pernah ke Paris waktu zaman muda
mengucapkan bahasa Perancis yang rosak *je viens de la malaisie*
berkhayal membaca pada waktu malam di wilayah selatan yang lembab dan panas
atau terjaga semalaman mengenangkan Florence
Kota Florence Florence Florence
John Philip Sousa, John Philip Sousa

pura-pura ghairah masih terpelihara
John Philip Sousa

Hujan terus mencurah di lorong gelap yang panjang
melaporkan, tak, kitab Tongshu lama dah meramalkan:
kalau katak membisu, dalam masa sepuluh hari pasti hujan mencurah-curah
lebih tiga puluh tahun, air sungai Muar terus meningkat
pada tanggal hari mana bulan mana tahun 1987
malam gelap angkasa terlalu tinggi, memberikan mereka sekeping kartu saudagar
  cacat sebelah mata
lalu melintasi semak ilalang, tergesa-gesa meninggalkan kota semakin dibaluti
  asap
bulan disember rupanya adalah musim yang paling kejam
pantas meninggalkan lorong senja yang berhujan
berselisih dengan T.S.Eliot
cuma sempat mengucapkan salam perpisahan
Bye bye Malaysian pie
John Philip Sousa

(1987)

Puisi Berirama

Tahun itu meninggalkan
kota yang sepi lagi mengasyikkan
kau bilang puisi adalah
kekasih seumur hidup. Sekian
tahun kemudian, puisi kau
semakin berhasil semakin
pendek. Dari puisi empat belas kerat
ke quatrain lima karektor
hujan guruh
tetiba menyirami terik tengah hari
kau berkata, "Cuma sepi, puisi yang terpanjang."

(1982)

Azan Subuh

Rama-rama putih terbang melayang
gendang memalu, degup jantung gelap kelam

Membiarkan hiba mengalir ke kali sukma, pabila ular panjang berlarutan
bangkit perlahan-lahan dinihari melenggang
sekali lagi kapal menyusuri arus deras mengalir ke bawah
segala isi perut daerah pingitan semenanjung
sekali demi sekali paluan gendang, membangunkan impian kaum asal ribuan
    tahun
bulan terkantuk pada tirai angkasa rimba belantara
bunyi air di belakang sejuk menusuk bagai sentuhan tali kecapi
menggamit gema suaramu perlahan-lahan

Rama-rama putih terbang berjauhan lalu menghilang,
suara gendang sekonyong-konyong membungkam

Arus kali kian menyurut
pabila sinaran pertama dinihari menyala
lantas insaf
gelap adalah satu-satunya penjaga antara sekalian gelap gulita

(1976)

Api

Sememangnyalah sebuah perkelanaan
dari sebuah pekan ke sebuah pekan ke sebuah pekan
nama sebuah daerah terasing nama sebuah nama
menulis di antara sungai berlumpur dan pokok semarak api menulis
dan lambangnya. Kau lalu membakar nama menjadi debu berterbangan
  menerawangan
bertahun di hujung tahun
kau menjadikan waktu pra moden waktu pasca moden membakar dirimu
  menjadi bisu
meraung dan meraung berulang-ulang:
API   API   API

Menulis pada tulisan berbalas dendam menulis
sudah lama agak lama aku kehilangan gamitan
pulang namamu pulang
telah lama hilang suara yang hilang
dan sememangnya sekali lagi menulis sememangnya
kesilapan sebuah kesilapan sebuah kesilapan
mencatatkan namamu yang gemerlap sebelum nazak namamu
API

(1993)

WALIS NOKAN

Walis Nokan (1961-), lelaki. Berketurunan peribumi suku Atayal. Nama Han ialah Wu Junjie. Nama samaran ialah Liu Ao. Dilahirkan pada 22 Ogos 1961 dalam komuniti Atayal, Kampung Damai dalam Daerah Taichung. Berkelulusan Sekolah Perguruan Ikhtisas Taichung. Kini mengajar di sekolah rendah kerajaan. Beliau menghabiskan masa dan tenaga demi memerkasakan budaya kaum peribumi. Dengan tekad tersebut, beliau mengasaskan majalah *Budaya Pemburu* dan Pusat Penyelidikan Kemanusiaan Peribumi Taiwan. Pada peringkat awal, Walis Nokan menulis puisi dengan nama pena Liu Ao, sesetengah karya non puisi menggunakan nama asal Walis Nokan. Sentuhan pena beliau amat menusuk. Tema yang mengundang prihatin beliau ialah keterhakisan sifat semulajadi manusia terhadap masyarakat mata duitan dan pendewaan terhadap kuasa dan kekuasaan serta bahana terhadap budaya tradisi kaum peribumi. Dari segi yang lain pula, beliau turut melahirkan kesedihan melalui deskripsi, mencatatkan adat tradisi dan sejarah dan kemasyarakatan kaum peribumi yang semakin dilupai.

Bukit Adalah Sebuah Sekolah (Buat Anak-anak Peribumi)

Bukit, bagaimana boleh menjadi sebuah sekolah.
di mana papan hitam dan kapur?
adakah cikgu
memegang rotan yang garang dan kasar?
mata yang hitam bersinar
bertanya khabar bagaikan kumpulan bintang pada langit
anak tersayang, sila sisihkan
segala was-was dalam kepalamu
secara simpel
merasa keberadaan dengan tapak kaki
merasa elusan angin dengan kulit badan
menyentuh wajah sang bukit dengan bahagian tengah tapak tangan
membuku pintu dan jendela bukit dengan ikhlas
kau akan ketemukan
ia sedang membuka pintu sekolah secara diam-diam
ujar secara lembut: anak-anak, silakan masuk

Anak-anak, silakan masuk
membuka daun pintu pertama
kau akan ketemukan
sebuah bilik darjah tanpa papan hitam
baca sekuat hati, dua baris ayat pada dada angkasa
        mendepangkan tangan, anggaplah sebagai sayap
         berdiri teguh, anggaplah sebagai roda

padang bersukan adalah padang rumput saujana
kau akan bermain sorok-sorok dengan binatang liar
berbual mesra dengan bintang-bintang
tumbuhan menjalar bermain lompat tali denganmu
aliran air mengajar kau mendodoikan lagu dan puisi kanak-kanak
ini adalah pelajaran pertama diajarkan sang bukit
menyerahkan badan kepada alam semulajadi

Bilik darjah kedua hanya terdapat langit yang kosong
tapi kau belajar bersama burung
burung bisa memimpin kau naik melayang di angkasa tinggi
mengenali lembaran muzik setiap batang kali
mengenali kostum setiap pohon pokok
mengenali fiil setiap bukit
pabila sejuk, awan putih menggebarkan kau kain skaf
pabila letih, pada bahu pepohonan
berehat bersama tupai

Meninggalkan bilik darjah kedua
denai dihubungkan dengan rabung bukit
di situ, kau memiliki sedaun jendela
terbuka
ribut akan menggoncang tubuhmu
hujan dingin cuba menyentap bajumu
taufan akan mengganggu pandanganmu
kau akan nampak
rumput yang lemah gemelai, membongkok santun dan merendah hati

bongkah batu besar, berdiri dengan semangat kental
tupai yang nakal, tidur sore dengan berjaga-jaga
daun gugur, akan kembali ke pangkuan tanah
kesemuanya, tetap melangsungkan kehidupan
persis dada sang bukit
menyimpan lembah ratusan malah ribuan tahun
persis sejarah sang bukit
sarat dengan ketakjuban jutaan tahun
persis tekad sebuah bukit
barang siapapun tak diizinkan mengubahnya
bilik darjah keempat dan kelima
sampailah bilik darjah tak terhitung
kau akan menyedari diri sendiri adalah murid sekali gus guru
matamu kulitmu anggotamu
malah telingamu adalah guru yang paling akrab
pabila kawasan sekolah sang bukit membunyikan loceng masuk kelas
kau terpaksa mencari kerusi sendiri
angin berfros dan hujan salji barangkali adalah sebatang pensil
sebuah buku, sebuah piano, atau
sebuah stadium yang benar-benar wujud
kerana kau adalah anak sang bukit
suatu hari, ketika kau menuruni bukit
tiba di kota dan berada pada perancah
tiba di lubang lombong dan berada dalam pejabat
kau akan bersama dengan warga yang bertutur lain-lain bahasa
bangsa yang berlainan tabiat dan gelagat
golongan manusia yang berbeza warna kulit

hidup bersama
harap ingat selama-lamanya, mati-matian
mengingati pengajaran sang bukit
agar setiap pelosok pulau
gah berdiri bukit sebuah demi sebuah
segak dan berkepahlawanan

Dalam Suku Yang Diimaginasikan

Ketika itu, kami kembali semula ke titik permulaan sejarah
hari remang-remang, pulau masih lena
rusa jari jauh datang berehat, tunduk meminum air
harum tapai beras dari dangau yang dibina oleh kerabat sesuku
galah memuncak tinggi pada padang berkawat
tok batin duduk di tempat kehormat menunggu upacara pemujaan bermula
kanak-kanak masih meniru tindak-tanduk pemburu
di luar gelanggang seperti mengejar babi hutan yang naik angin
udara mengocak lanjut warna menenangkan dan penuh keheningan
sebaik sahaja tarian puja pertama bermula
kami akan menikmati hasil lumayan musim rontok nanti

Pada ketika itu, kami kembali semula kepada titik permulaan pulau
orang sungai menghormati tatacara dan upacara pemujaan
air mengalir menyimbah ke bawah menuruni lembah
dataran masih kedapatan tanah berumput hijau lestari
siapa pun tak nampak api perang memarak
suami isteri menjunjung makna hakiki kasih sayang
golongan lebih tua seperti banjaran gunung yang tenang dan kukuh
kami mempraktikkan tatacara yang mudah dan sederhana
umpama peredaran musim dalam rimba belantara
menghormati roh dan semangat alam
akur pada kesederhanaan dan sarat kasih sayang

Kami kembali semula ke titik permulaan cinta
rimba berlaku babak kuat pemangsa lemah mangsa
menjadikan kerabat dalam suku beransur-ansur mempelajari saling menghormati
hanyalah menyayangi saudara sendiri
barulah sukma dilimpahi kegembiraan yang tak terkatakan
sang suria bermurah hati memancarkan sinar
rembulan menerangi kegelapan malam dengan lemah-lembut
hanyalah hubungan yang tulus ikhlas
kelangsungan zuriat suku-sakat akan lebih sihat dan bertenaga
suara musim semi bergema di antara gunung dan rimba
tak lama lagi, hujan akan menyuburi sekalian suku-sakat

Bas Penumpang

Bas penumpang dari pekan kecil tiga belas batu di luar sana
persis seekor musang yang berniat baik
secara tetap membawakan peradaban kota
(papan iklan terpampang gah dan bangga: adalah kami
merapatkan jurang antara ketamadunan dan kebiadapan)
anak-anak dalam suku mula menanti-nanti
mengkhayalkan dunia baharu yang indah-indah
teruna berani dalam suku menggagahkan diri mengorak langkah
dengan hidung yang peka mengejar binatang liar dalam rimba
mengejar keborosan hidup yang tak keruan
yang kecewa, gembira, terhina
semuanya dalam perjalanan tiga belas batu. Ahh. . .
suatu rahsia barangkali kau tak perasan: ia mendekatkan kebaikan dan
   kemungkaran

Bunga Merah

Bunga Merah meninggalkan perkampungan suku, di pelabuhan G yang berkabut tebal kami bertemu. Bertahun dahulu dia tiba ke kota terasing ini, kulit badan digosok dengan wangi murahan, galak bertukar lelaki di sisi bantal, nama pun bertukar dengan timangan Mariah, keluar masuk antara hotel mewah, sesungguhnya ada orang mengintip secara senyap di sebalik tiang di verandah.

Tahun lepas dia kembali dengan badan terkulai layu, seorang ayah yang hidup mewah dan bermata duitan (Oh! Dia berjanji dengan barua untuk tempoh lima tahun) menutup rapat rumah agam yang baharu, seolah-olah menakuti wabak berjangkit dari tubuh Bunga Merah, apakah dia telah lupa Bunga Merah itu anak gadis sendiri?

Hari ini aku ketemu Bunga Merah di pelabuhan G yang berkabut tebal, di sebalik kisi jendela yang bisu, jari yang disapu pengilat kuku bagaikan kelawar yang melebarkan kepak, wajah yang tak mengendahkan aib dan malu menggamit orang jalanan di pekan. Lima tahun kemudian, barangkali ia beransur pudar dari ingatan kami, lima tahun kemudian kami langsung melupakan Bunga Merah.

Tanah

Pulau yang sebesar ini,
adalah tempat kelahiran dan tempat membesarkanku.
seratus tahun dahulu, malah ribuan tahun dahulu
moyang mengikut arus hitam tiba ke sini;
ikan dan udang bermain dalam alur yang berair jernih;
rusa besar berjalan perlahan di padang hijau;
moyang hanya mengambil ikan dan udang yang terlebih demi mengisi perut,
cukup yakin dengan hukum kitaran alam.
demi berterima kasih dan mengingati kurniaan Tuhan,
menyembelih rusa memuja dewa langit,
meminum darah rusa mendoakan rahmat seluruh suku,
menanam tulang di bawah tanah,
adalah adat suku kaum kami,
sesiapa pun harus berdoa secara senyap dalam upacara nanti,
mengharapkan segala hidupan bisa berehat dalam tenang.
kehidupan, adalah sekuntum awan yang santai;
hidup, adalah ketetapan alam.
moyang kami berada di pulau ini,
bekerja, berehat, bersenyawa, membiak,
umpama jiwa kecil dalam alam,
wujud dengan damai dan tenang,
sejak beribu tahun dahulu, pulau yang sebesar ini,
demikianlah melahirkan dan membesarkan kami.
di pulau yang sekecil ini,

adalah tanah yang melahirkan dan membesarkan aku.
ratusan tahun kebelakangan, siapakah masih mengenal pasti
jejak kaki tinggalan moyang,
aliran sungai kecil dahulu kala, tak kuasa menyembunyikan ikan dan udang;
padang hijau dahulu kala, telah kehilangan rusa besar;
tatkala moyang berundur dari pesisir pantai,
tatkala moyang berundur dari padang hijau,
kami menjadi anak kesayangan sang dewa yang baik.
kini, generasi baru kaum peribumi,
kembali menyusuri bekas undur moyang,
tiba ke bawah tanah yang tertimbus bijih,
tiba ke dataran yang disarangi kilang,
tiba ke kota yang melimpah nafsu syahwat,
mata hitam bercahaya kami sarat tanda tanya,
sejak bilakah, hias baju moyang
menjadi ejekan orang ramai?
kedua-dua tangan kami yang rajin sarat ketakutan,
sejak bilakah, cara hidup moyang
menjadi perancah buat menahan perangkap nyawa?
bibir kami yang terkunci rapat sarat ketakutan,
sejak bilakah, bahasa warisan nenek moyang,
menjadi loghat bertahap rendah lalu direndah-rendahkan?
terlalu banyak kemusykilan, terlalu banyak ketakutan,
betapa kejamnya diwariskan kepada anak-anak yang masih murni dan bersih!

Di pulau ini, moyang yang disayangi
tak pernah mendirikan pagar atau pintu,

kami percaya yang datang berjauhan adalah tamu, maka
datanglah orang Belanda, menduduki sebidang tanah;
datanglah orang Sepanyol, menduduki sebidang tanah;
datanglah kaum Minnan, kaum Hakka,
moyang berundur seinci demi seinci;
datangnya orang Jepun, moyang terpaksa
menyembunyi dalam rimba, mengelak dari pistol dan meriam yang meragut
   nyawa.
pada hari ini tahun 1988,
inilah pulau yang punah bunyi pengeboman,
namun sarat dengan ketidak-adilan,
asalnya adalah tuan punya pulau,
kehilangan perwatakan diri:
tanah yang melahirkan dan membelaku, bagai telah
meninggal, bisu seribu bahasa. Aku tahu,
hanyalah menuruti lumrah alam,
menghormati nasib segala makhluk bernyawa,
mencintai perkara semulajadi di muka bumi,
hidup seadanya, barulah tiada kekotoran dan kejelikan;
hidup seadanya, bikin bermaruah.

(Akhbar Petang Zili, 14 Julai 1988)

Monolog Sang Pemburu

Ini adalah padang buruan pusaka moyang
dengan harapan perut anak cucu berisi
berlatih agar tangan dan kaki lebih cergas
tempurung otak terisi hukum hidup sederhana
sebelum rembulan entah berputar ke sekian kali
padang buruan moyang di dataran
mengejar rusa sambar, ikan dan burung
tiba-tiba kapal besar mampir ke pesisir pantai
entah yang berambut merah, dengan pakaian indah-indah
atau yang pendek-gempal dan berkulit kuning
mengusir warga suku masuk ke belukar
ke gunung yang tak diminati
sesudah pancaran rembulan berulang-ulang
tempat ini telah menjadi padang buruan kami
tanpa mengira hidup membiak maupun mati punah
gunung-ganang menerima kami semahunya
kini, kenapa senapang pemburu disita?
(apakah mau kami melawan haiwan dengan tangan kosong cuma?)
kenapa ketiadaan hak milik?
(atas alasan apakah tanah adalah milik kau?)
kenapa dibawa masuk restoran untuk para wisata?
(apakah kami binatang untuk dipamerkan?)
kenapa membuang sisa-sisa nuklear?
(kiranya selamat, elok simpan di rumah kau sendiri!)

kenapa menebang hutan?
(tak gentarkah bah memasuki rongga hidung kau?)
kenapa terlalu banyak "kenapa"
selamanya bagai awan gelap berkubu di puncak gunung?
bisakah kau memberitahu?
manusia bertamadun!

(Pertama disiarkan pada Harian Minzhong, 13 Mei 1990)

Hujan Turun Pada Bumbung Kediaman Suku

Tatkala gelap malam belum sempat dikejutkan,
hujan sudah menitis!
terobek suatu celahan pada layar cakerawala,
menitis senyap-senyap!
bagaikan menyentuh luka yang tertusuk-tusuk nyeri,
dengan senyap menaburkan bayang-bayang cinta,
menenangkan rintihan yang keributan
kedengaran suara hujan menginjakkan kaki pada ladang jagung yang baru dibajak,
kedengaran suara hujan bersijangkat di tepi jendela hiba,
untaian jagung mendongakkan kepingan-kepingan mulut kering,
papan rumah menjulurkan seutas demi seutas mata ghairah dan tulus-ikhlas,
dalam titisan hujan yang tulen dan bening,
terisi keselesaan yang hangat.

Aku nampak hujan turun pada bumbung kediaman suku,
murid sekolah rendah akan menggalas beg ke sekolah,
menjadi kawan baik dengan semua kanak-kanak Taiwan;
generasi muda melondehkan bahu yang sasa,
berjabat tangan dengan semua pemuda di pulau;
warga pertengahan umur menampilkan iras mata yang jujur,
sama seperti semua orang tua di pulau,
menyayangi anak dengan darah dan keringat yang hangat.
aku tahu hujan ini sedang pantas melewati perkampungan suku,
membawakan warna yang tebal dan lembab,

melintasi segenap suku,
melintasi setiap pekan dan kota,
melintasi muka setiap pulau,
melintasi setiap jiwa yang terang benderang.

Aku nampak pulau tengah pantas mengurai,
setiap wajah yang berlainan warna,
setiap mulut yang berlainan bahasa
mengurai sepantas-pantasnya
bagaikan adik-beradik kandung menari-nari riang dalam hujan,
bagaikan rakan karib melangkah ke depan dalam hujan,
tatkala rintik-rintik hujan menghancur-luluhkan dendam dalam sukma,
tatkala rintik-rintik hujan meleburkan dengki,
tatkala rintik-rintik hujan memusnahkan cemeti kebongkakan dan rasa rendah
   diri,
aku nampak hujan turun pada bumbung kediaman suku,
melewati pekan, kota dan manusia
pada tanah pulau menyatupadukan sesuatu yang paling suci murni dan paling tua,
   kami menamakannya
kasih sayang

Projek Pariwisata

Aku adalah tumpuan pariwisatamu
berdiri di depan mata
peribumi asaliah, suku Atayal
kau wajar ingat Tragedi Musha Jiken yang berlaku pada musim gugur
Mouna Rudo sesuku dengan aku
bunga sakura pada awal tahun tiga puluhan
kerabat sesuku mengelap sejarah dengan darah
generasi baru tahun 80-an
aku memuaskan rasa ingin tahumu dengan busana dan solekan
"Apa lagi kau nampak?"
rantai gigi babi yang berwarna-warni
membawa kenanganmu kembali ke rimba belantara
parang dan panah terperam dalam kabinet
meraung menahan sejuk sepi, segala ini
tahukah kau? Kumenyarankan kau
menghafal tiga ratus tahun sejarah Taiwan
entah kau dengar entah tidak?

Mencari Tanah Murni

Bertolaklah sekarang, kau dan aku
menembusi dada kota
tatkala sungai hitam menyesap tanah dengan mulutnya
tatkala gas ekzos hitam mengelap tanah dengan lidahnya
marilah kami membelakangi jalan kota keruntuhan moral
dengan denyutan kalbu mencari tempat berlabuh sinar suria

Rimba Kota Raya

Bermundar-mandir di bahagian jantung rimba
senjakala memerhati dari jendela di kejauhan
merpati senja menembusi kepungan mengikut lokasi asap yang berselerak
sesetengah suara beransur-ansur ditenggelamkan
ia berada di depan bangunan yang keras lagi kukuh
dengan impian berlebihan merayap ke depan

Aku kehilangan jejak kaki ketika ke mari
nampaknya lesap di tepi danau yang hening dan indah
kerap kumelihatnya meneliti tingkah laku dan budi pekerti
keadilan dan akhlak menyebabkan badan berkembang
ia dalam rimba yang dingin
dengan suara lemah namun tak kurang rasa kegembiraan

Tatkala empat musim beransur diperhambakan oleh kelengkapan penghawa
    dingin
kami persis bunga-bungaan yang kian menumbuh dalam rumah hijau
tersujud dedaun dan rantingan lembut sambil menikmati vitamin
dunia di luar kaca kedap suara berdenyut dingin dan sepi
dengan minda letih lesu aku menyertai kumpulan manusia
bayangan senjakala dengan renungan di tepi danau

CHEN KE-HUA

Chen Ke-hua (1961-), lelaki. Keluarga asal dari Daerah Wen Shang di Wilayah Shandong. Beliau dilahirkan pada 4 Oktober 1961 di bandar Hualien. Berkelulusan doktor perubatan dari Kolej Perubatan Taipei. Kini berkhidmat sebagai doktor mata di Hospital Umum Warga Veteren. Beliau pernah menjalankan penyelidikan profesional di *Havard University*. Chen berkecimpung dalam penulisan puisi, prosa, juga menulis cerpen dan lirik lagu. Puisi beliau sering memaparkan jiwa teruna dan catatan dalaman yang bergelora. Penyair juga mempunyai upaya yang tinggi dalam menyemak diri sendiri. Puisi-puisi kebelakangan ini menonjolkan falsafah dan pemikiran Buddisme, dan renungan yang mendalam tentang dialektika antara gagasan rupa dan sunya (emptiness) menurut falsafah Buddhisme. Kumpulan puisi yang telah diterbitkan ialah *Ciptaan Puisi Yang Rumit Disebabkan Kematian*, dan kumpulan lain.

Nota Di Perhentian Bas

Ah Mei dan Ah Cao
biar aku naik bas trip jam 11.37 ke selatan Aku tidak mendendamimu
kalau esok taufan menjelang
panggil no.: (00) 7127Ψ998Φ
abah. Ingat anak abah
biar lahirkan dulu
duit, jangah tunggu aku lagi
rumah aku bukan di Taipei ECHO: ECHO
berhutang pada kau
kerja dah dapat
lama-lama dahulu, esensi
bercanggah dengan fenomena dengan hebat sekali
salam   lekas pulang
tiga ekor ayam betina dan kobis
baik-baik saja
cinta kau yang paling jujur
akan dibayar kemudian

Seumur Hidup Ini

Jelas ku nampak kau mendekati dari dunia sebelumnya
memasuki dunia mendatang diriku
kemudian memasuki dunia mendatang yang satu lagi

Namun aku hanya memiliki saat ini. Setiap kali aku
bangkit dari tidur tanpa mimpi
maka bimbang akan kuterlepas selama-lamanya
terlepaskan kau, arghhh

Ingin kukembali ke saat ketika berlakunya kesilapan
menghentikan gambaran kenangan bersilih-ganti
membekukan masa:
kau selamanya mempamerkan aksi bangun lalu sedia pergi
aku selamanya menghulurkan tangan ke arahmu.

(1985)

Tiada Kelahiran Bayi Ketika Ini

Tiada kelahiran bayi ketika ini.
dalam saujana kesepian, lama tak menetaskan rahsia walaupun sekelumit
telur ulat yang kosong bersepah merata
tergantung anggota yang cacat,
dapat ku dengar para tali pusat berhurungan dalam gelap
retak belah, gugur lalu jatuh

Tiada nafsu pada ketika ini.
tetap aku sedar diri begini, dengan sedar diri yang cukup mencemaskan
menganiaya badan, seperti dua organ yang bersisian dalam badan
tebal berlemak berantakan siang malam antara satu sama lain
maka perutku yang kendur pun berbunyi dan sakit-sakit
tangan kanan dan kiri saling bertelingkah
lolongan serigala bersembunyi di sebalik anak mata, cinta
dijahit rapat pada otot abdomen. Kala ini
tak lahir sebarang rasa kecantikan, kemerosotan sepanjang kurun
tersemat pada dua kelopak mataku.

Tiada kelahiran suara ketika ini.
yang sudah berucap
sedang mengemaskan bagasi. . .
suatu desakan keras tak ternama mulai mengasak
dunia ini kecil, lemah dan tak kuasa melawan, aku harus berdiam diri untuknya
adakah demi kebisuan yang memang sukar ditemui di alam ini

lalu menangis gembira?
(hakikatnya tak payah aku menangis lantaran terlalu gembira)

Justeru tiada kelahiran bayi ketika ini.
putus asa seperti lapisan minyak tar tebal
bumi datar sedatar-datarnya
desah nafas di kejauhan jauh dari bantal
mereda perlahan-lahan, malam seperti bata
mengepung ketat dan mengawal segala yang bakal terbentuk
mengisi sendiri semua jawapan
tiada masalah pada ketika ini.

Ketika ini, tak lahir sebarang masalah.

(1985)

Lapangan Terbang Dalam Hujan

I. 747

Bisakah terbang?
gemawan warna plumbum
sedang mencairkan pesawat 747 yang menjunam
seketul berwarna putih tulen
gula kristal tamadun
laksana biji-biji garam hasil penaakulanku
sesudah hujan
semuanya
bakal
lesap dan hilang

II. Belon Udara Panas

Bisakah mendarat?
belon udara panas yang mengembang
sebiji buah bersuhu tinggi, menayangkan bayang pada medan orang ramai
seperti otak besar
terapung di angkasa tinggi pemikiran
menetapkan ruang lingkup pemandangan semua
seolah-olah bertegas:
sesudah sejuk, baru turun ke bawah.

Bilik Mandi

Berpandukan borang
dia menanggalkan dasi, cincin dan gigi palsu satu persatu
cermin mata, kad kredit
dan kondom. Sehingga diri sendiri habis
terendam dalam ketelusan

Depan cermin dia menjadi
sehabis lemah-lembut
    dengan penampilan prihatin terhadap penderitaan di dunia
tak kuasa berdebat serta
ereksi

(1986)

Bersemburit Suatu Kemestian

Kami bangun ketika kilauan pintu jubur malam baru membuka
didapati pintu jubur cuma mengatup tanpa berkunci
rahim dan usus besar adalah kamar yang sama
cuma dipisahkan sebuah tembok yang suam-suam panas
kami meloncat sambil berdansa di antara bunga-bunga kasih dan bersyahwat
anggota tubuh ligat mengembang-mengendur dengan lembut sambil merasai
baka diri yang sehabis baharu
sebelum kehadiran sejarah atau ribut suratan yang bakal hadir
tiada apa-apa yang tepat diperkatakan oleh kerongkong Sigmund Freud

(kami adalah baka yang sehabis baharu
terkecuali dari papa kedana, cedera bersukan dan penyakit HIV)

biar kami menelanjangkan dan persembahkan etika dan jubur kami untuk
  disaring
kemudian di bawah lampu sorot sebuah kanta pembesar
mencerap bagaimana diri menggelupur laksana kaum tikus
merasai nikmat kegembiraan yang teramat dan kesakitannya
bulu dan rambut dibasahkan darah bagaikan tertumpah botol warna. . . arghhh,
  kami
bolehkah tika jiwa masih dikandung hayat kami bersemburit secara rasmi suatu
  kemestian
sudah pasti kami mesti pulang ke rumah sebelum jubur dikuncikan
ranjang akan terus dimakamkan

insan yang menyongsang moral sekali lagi telah menamatkan penipuan dan
   pembohongan suatu hari yang dibanggakan
tiada siapa tahu alasan sebusuk mana yang terbungkus dalam jahitan luka
kenapa tidak kami mati kehabisan darah ketika ini?

(orang yang mengatakan mahu memburukkan moral terlebih awal meninggalkan
   pasukan
pada lokasi di mana bunga paling padat memainkan jalur cahaya di atas kepala
sekurang-kurangnya dia, tidak pernah dia membuktikan semburit adalah suatu
   yang tak mesti. . .)

Tetapi jubur hanya tutup tak berkunci
kedukaan lazimnya melimpah dari celah pintu bagaikan
mentol yang mengerdip semalam-malaman
kami berpelukan dan berpelukan enggan mempercayai semua cara persetubuhan
   telah dicuba
kemesraan fizikal telah diketepikan
kenapa tidak kami menyertai kumpulan majoriti yang sihat dan diam sekarang juga?
kenapa tidak kami menyertai kumpulan majoriti?
majoriti adalah baik
tidur adalah baik
bersetubuh adalah baik
tak bersetubuh juga adalah baik
tanpa mengira mengetuk atau terus menolak dan membuka liang jubur
sebenarnya jubur selamanya
hanya tutup tak berkunci. . .

(1995)

Aku Di Daerah Nyawa Membuat Belokan

Aku berhenti di depan persimpangan jalan, menunggu kau
mengharapkan kau sempat mengikut, bertanya
aku menrendahkan suara memberitahu kau sekali lagi
sini adalah daerah nyawaku membuat belokan

Sudah begitu lama, satu-satunya mimpi ku perlahan-lahan
muncul dari jendela waktu senja--
kau sedang berlari pantas, aku mengikut dari belakang
mengutip batu permata dan barang kemas yang kau cicir disepanjang jalanan
membalingkannya satu persatu ke dalam badai yang saling bergelut
dan rembulan besar terbit dari aras laut
sekuntum awan penuh membawa cahaya rembulan lalu menggugur, menyiramkan
  hujan warna perak dengan aman
tangan kau menunjuk, sambil bercungap-cungap: pernah seorang budak kecil
  hilang di sini
ya! Fikirku: adalah ombak pasang-surut keluhan kau
menenggelami jejak-jejak di belakangnya

Lalu kami bersalam ketika berpisah tak berkata apa-apa
seakan kau adalah cahaya neon berwarna ceria di kejauhan, di Xi Men
dalam simpang siur lorong yang galau, sekadar membisu
aku bertegas, cuma membisu dan tidak memaklumkan kau
pernah suatu ketika, aku menunggu kau di daerah nyawaku membuat belokan

Nyanyian Malam Sang Pengembara

Malam ini, seorang lagi sang pengembara menumpang dalam kalbuku
dalam lesu lembayung senja dia melepaskan bawaannya
menyalakan unggun api, lalu duduk dan mencari bintang-bintang
sambil bersenandungkan sebuah lagu aneh. Irama yang singkat dan berulang-
  ulang itu
seperti angsa kayangan melayang dan menyapa diam-diam di tengah tasik
berehat di muka air, berenang perlahan-lahan mengikut putaran
tenang melakarkan riak mimpi

Membayangkan dia adalah juga sebuah lembaga bercahaya
aku kepingin berdialog dengannya
bisa mengangkat tinggi cangkir arak, dari jauh merasai isi kalbu yang melimpah
mencicip kemabukan ringan, secicip demi secicip
kerana kesepian malam ini
ditapaikan sejak zaman purba nan jauh
namun, dia tidak berkata, walaupun kami sama-sama sepi
ini tidak menjadi alasan untuk kami bercintaan
(Kami kesepian. Kumpulan bintang turut mengiakan)
namun tidak memadai menghalangnya meninggal pergi

Katanya: Selalunya, aku hanya tumpang tinggal.

Dia enggan memberi sedekah.

Aku melihatnya berangkat pergi, pada waktu dinihari

Seperti kebiasaanya aku berduka, melihat dengan tanpa berbuat apa-apa
gugur sebuah lagi bintang pagi, arghhh, dia takkan tahu
carta bintang kemudian hari selama-lamanya
tinggal sebagai bekas hitam, serta

Dalam pekat malam sebuah lagu selama-lamanya. . .
semua yang bisa bercahaya
adalah kesepian

(1983)

Remaja Penunggang Paus

Sudah sekian lama, angin dan gelombang tenang
aku mengadap ufuk tepat sudut 90 darjah, menanti
remaja yang menunggang paus dalam angin samudera

Mengikut legenda dia akan kembali ke teluk sepoi-sepoi kami
membawa kumpulan paus liar dari kejauhan;
oh sayang, dari jauh telah kami dengar suaranya bermain ombak
oh sayang, itu adalah pulau kami yang tunggal

Pulau putih bersih di tengah
kami akan berpelukan dalam siraman mata air pancutan
dalam pancutan air mandi bersama sinar matahari
dan menggosok otot dan tubuh sasa dengan rambut keras ikan paus, pada ketika itu
kami bersih selama-lamanya
kami memiliki seantero samudera

Justeru mesti menunggu, kemunculan pancutan air yang paling tinggi itu
remaja yang gah berdiri di belakang paus
selamanya tersenyum seraya berlambaian denganku
ah, selamanya seperti zaman kanak-kanak
menempuh ganas gelora untuk melintasi samudera di luar tambak yang membeku

Masih

Waktu senja aku melintasi bendang sawah yang terbiar ternampak
bunga matahari yang layu di merata tanah gersang masih tegak sambil berputar
mengejar matahari ke barat
ekor cicak yang terputus di atas batas
bagaikan seekor ular kecil yang lincah gerak-gerinya
dalam tenungku
tetap tak berhenti

Anak kampung tunjuk padaku katak yang telah mati sekian lama
ujarnya,"Tapi masih bisa bergerak"
mirip kaki itik yang tergerak tanpa sedar
jelas akan berterusan agak lama

Aku terus melangkah ke perut malam perenggan yang sempurna
perenggan yang lengkap
kedua belah tangan menyeluk sepuasnya ke dada malam
cahaya bintang masih menyinar
namun aku faham, kala ini kumpulan bintang telah mati dan hancur luluh sekian
   lama

Aku mematikan langkah pada rutin setiap senja
mendengar persembahan maut masih
aku mendongak, melambaikan tangan
bagaikan cicak yang terputus ekor

mengadakan persembahan dalam rentong matahari senja

Aku tahu diriku masih bisa hidup, gerak-geri kami
tetap akan berterusan agak lama.

(1996)

TANG JUAN

Tang Juan (1968-), nama sebenar ialah Liu Zhengzhong. Berkelulusan Doktor Falsafah dalam bidang sastera Cina dari *National Taiwan University*. Beliau pernah menjadi editor *Puitika Pertubuhan Penyair Lan Xing* dan *Jurnal Puitika Taiwan*. Kini beliau mengajar di Jabatan Pengajian Sastera di *National Taiwan University*, Taipei. Terbitan beliau termasuk *Pembunuhan Besar-besaran Tanpa Darah* dan lima kumpulan puisi yang lain. Dua buah kumpulan prosa lirik termasuk *Ketika Dunia Sakit Aku Sakit Bersama*. Kumpulan makalah akademik berjudul *Penulisan Tentang Syaitan dan Makhluk Aneh-aneh Dalam Puisi Lama Era Moden* dan sebagainya. Beliau juga menyelenggarakan *Kumpulan Karya Laskar Dan Ketenteraan Taiwan, Rider Kesusasteraan Taiwan Kontemporari* dan sebagainya. Pernah memenangi Hadiah Mei 4, Hadiah Puisi Tahunan 1998, Hadiah Sastera Liang Shiqiu, Hadiah Sastera China Times, Hadiah Sastera United Daily News, Hadiah Sastera Central Daily, Hadiah Sastera Bandaraya Taipei, dan sebagainya.

Rendang

A
Ayahku sepohon pokok
sarat membuahkan batuk
setiap batuk berkulit merah
berbiji keras, berisi kurus
aku ingin petik dan menikmati sebiji
tapi terjolok sarang semut
semut memasuki tubuh melalui liang pori
membina semula sarang dalam dada kananku
baru kusedari ketika ini
rupanya yang aku petik adalah segugus hati
hidupan seni berkaki enam itu
tidak dipanggil semut, suka duka namanya

B
Menikmati kenyamanan udara di bawah rendang ayah
angin memetik daun, membiarkannya pada gegendang telinga
ia pengajaran ayah, setiap helai telah
layu dan menguning, semuanya terluka kerana gigitan serangga
mulanya aku ingin menimbuskannya dalam perut bumi
namun tertanam dalam bola mata
ingin kubangun dan tinggalkannya, tapiku
telah berakar. Terpaksa aku berdiri
berlindung di bawah ketiak ayah. Melihat matahari
bermain dengan dua keping bayangan pokok yang bertindih

Dalam Gelap

1. Saksi

Kucing hitam dihadamkan oleh kamar, tinggal dua biji bola mata keras
terapung dalam udara. (tubuhnya bersebati dengan suasana malam
menambahkan kualiti kegelapan). Aku menggenggam bola mata
memicit kuat, tiada berlinangan air mata, hanya pengalaman penglihatan
yang ruwet:

- Ada orang terbunuh dalam gelap malam (kucing menyaksikannya)
- Dalam gelap malam ada orang membunuh orang (kucing menyaksikannya)
- Dalam gelap malam ada orang terbunuh (kucing menyaksikannya)
- Ada orang membunuh orang dalam gelap malam (kucing menyaksikannya)

Keadaan ini seperti sup, kepanasannya menyakiti saraf deriaku yang lemah
seperti cat, mengecat pada ruang jiwaku yang putih-bersih. Kamar
semakin gelap, aku bangun menyalakan lampu. Namun malam terlalu pekat
terlalu kuat, cahaya terkurung dalam pelita, tak kuasa melepaskan diri
maka perut pelita pun terpecah-barai

2. Mangsa

Suara kucing   tersimpan dalam tengkorak   dibekukan menjadi cecair daripada
  gas   daripada materi menjadi kesedaran
dari bergerak menjadi statik   dari suam menjadi sejuk   suara kucing   seperti

ribut pasir yang kuat   meninggalkan kesan cakaran pada muka bumi
bukanlah kesan cakaran   adalah kenangan pedih tapi nyata   seperti sup daging
   yang basi   tersimpan dalam tengkorak
bau busuk kebocoran   merosakkan pemandangan   pokok dan rumput
   berundur ke dasar tanah yang dalam
kumis dan rambut menumbuh pantas   ia adalah kasih sayang dalam tubuh
   menjulur keluar dari liang panas   bagai cacing

Suara kucing   memanggil lagi   bagai menyalakan lidah api dalam gelap malam
   menembusi kecekalan dinding besi
menyusup ke darah dan daging yang lemah   bagaikan asid hidroklorida
   menitik pada tubuh lintah yang licin menjelikkan
bukan lintah   adalah saraf otak yang terangsang   melarikan diri dari tengkorak
bagaikan ular kecil menembusi kecekalan kulit telur   tergolek di atas rumput
tubuh yang licin menjelikkan tersentuh dingin kabut malam   suara kucing
   memanggil lagi

Mata tak kuasa melarang linangan air mata   tubuh tak kuasa memecat suhu
   tubuh   hati   bagaimanakah dapat melawan suasana kalbu
kucing di luar jendela   hati dalam badan   di sebalik kaca   dinding tulang rusuk
   otot dada
hati tak kuasa mempengaruhi kucing   namun kucing mampu mempengaruhi
   hati
terdapat sejenis rembesan melekit   penuh pada rongga mata telinga hidung dan
   mulut   entah adalah suara kucing   entah suasana kalbu

3. Penjenayah

A. Motif
Mereka bermimpi, bermimpikan api. Mereka menangis, hingga berapi. Mereka
mengomong, sehingga membakar api amarah. Api membakar dalam kepalanya,
tiada orang mengetahuinya. Api adalah darahnya, sekalipun mereka bukan
penyucuh api.

B. Proses
(dikecualikan)

C. Hasil
Kedengaran bunyi kumis dan rambut menumbuh, mengeluarkan pisau cukur yang
tajam. Tapi dagu licin bersih, dan dada
terdapat sebuah parut yang cantik. Dibuka parut, terasa membuka kancing
Arghhh, jantung telah penuh ditumbuhi bulu.

Silap Mata

a Sekeping sapu tangan menyapu air matamu kemudian menyapu air mataku, lalu bagaikan telur yang tersenyawa, dieram dan melahirkan seekor gagak putih gebu.

b Kau dalam mataku dan aku dalam matamu berintegrasi dalam darah dan daging gagak.

c Sehabis aku menangis memeluk rapat kau yang masih menangis, melihat gagak mencari makan dalam pemandangan yang pernah kami tatapi, kemudian mengkumuhkan hilai-tawa warna kelabu yang kami tinggalkan dalam pemandangan.

d Aku mengambil sebutir batu membaling pada kepala burung, bergegas ia mendedahkan rahsia yang terapung-apung pada lautan ingatannya, kemudian menyelinap ke dalam kantung matamu.

e Rahsia ini melukakan nuranimu, hidung mendarah, akhirnya melepaskan aku yang tertawan dalam nuranimu, terpalit pada sapu tangan.

f Aku meletakkan sapu tangan pada riba, kau yang berada dalam benakku menyusup keluar perlahan-lahan, berbaur dengan aku yang berada dalam nuranimu. Sapu tangan pun seperti telur yang tersenyawa, dieram dan melahirkan merpati hitam legam.

g Aku dan kau yang sebenar-benarnya tak pernah berintegrasi, merpati dan gagak telah membiakkan unggas berwarna putih dan hitam, baka yang termutasi.

Bayi Dalam Balang

Aku takkan berundur dari nasib dan hidupku yang gelap
menggenangi muzik yang menghakis tetulang
bagaikan bayi dalam balang, tergenang dalam cecair formalin.
akanku terus berzikir dalam senyap mantra yang sia-sia
buat melalikan hormat dan ketakutanku yang berlebihan terhadap segala dewa
   dan syaitan
bagaikan bayi dalam balang, menyusui saraf otak diri-sendiri dengan ilusi.

Aku tak ingin lagi campur tangan hidupku yang kekejangan
menutup, mengunci pintu dan jendela, bagaikan sebuah peti sejuk
menyejukkan hati panas membara dengan otot seluruh badan.
akanku terus berzikir dalam senyap mantra yang sia-sia
dua belas orang gila mengetuk pintuku
akan kumeniru rupa belas kasihan patung buddha, tak mendengar dan tak
   menanya.

Aku takkan cinta lagi, melainkan, aku tak membenci lagi
seperti bayi yang paling senior di sini
mirip menghisap susu, menghisap kepiluan yang disedekahkan oleh manusia
akanku terus berzikir dalam senyap mantra yang sia-sia
bagaikan calon yang ditolak khalayak pengundi
tak jemu-jemu bersyarah kepada sang lipas, cicak dan semut

Bagaikan bayi dalam balang

membungkus roh yang membusuk dengan senyuman yang murni dan ikhlas

Bagaikan gasing yang tertegun
dengan akar menopang bumi yang berpusing ligat

Adik Lelakiku Adalah Manusia Serigala

Teruna yang kurang sabar menunggang robot serigala yang enggan dijinakkan
meninggalkan kota gersang melewati padang rumput yang pancaroba
sepantas meluru ke depan: 130, 150, 170 km sejam
argh, hujung-hujung saraf telah diam-diam menyelinap ke dalam kotak bateri
alat jantinanya yang baru matang dan injap pencucuh yang panas
nyala serentak. Darah yang tak sabar-sabar dan minyak yang tak ternanti-nanti
sedang berinteraksi dengan rancak, dengan kesepian kaum adam dan hawa
ketika itu sepasang purnama terang terendam dalam air, memutih dan
   membengkak
umpama buah dada si mati lemas. Justeru hatinya mula mengembang bulu roma
raut wajahnya mula naik bulu roma kelengkang kaki dan dada pun kembang bulu
   roam
190, 210, 230 km sejam. . . Dia merendahkan bahagian atas tubuhnya
kedua belah paha terkepit erat, terus-menerus mara ke depan ke depan
sehinggalah tubuh tewas seinci demi seinci. Ao. . . wu. . .
terasa langit menggoncang, padang rumput memuntahkan api liar yang cukup
   mengasyikkan

Digari Bersama-sama

Jam tangan dan bayang jam tangan
menggarikanku dengan bayangku sendiri

Aku masuk ke restoran. Ujar pelayan, dua orang
aku senyum masam, bayang mempamerkan senyuman lebih masam

Bayang jam tangan membekukan jarum jam tangan
kataku dengan bayangku, "Silakan, nikmati juadah!"

Namun aku tak dapat bangun, bayang telah menggarikanku
dengan sebuah restoran yang pelik

Terlolos

Keluar seekor ular dari semak
menggigit jari kakiku
bisanya umpama nyanyian yang pupus dalam warisan
sesenyap merayapi tubuhku
ah, rupanya irama jahat
melumpuhkan hati budi melenguhkan mata dan telinga
kini ku miliki emosi seperti ular
   teringin aku merebahkan diri untuk merayap
aku ingin menyelinap ke dalam semak aku ingin
hibernasi aku ingin menyetubuhinya
ingin dia menelurkan sesarang telur untukku
namun, dia bukan lagi ular
sewaktu dia menggigitku
darahku mengalir menuruni luka
menyerang limpa, paru-paru, hati dan hempedu
mulutnya memuntahkan buih putih, seperti terminum racun tumbuhan
sawan keseluruhan badan, kulit badan tanggal satu persatu
akhirnya, jadilah aku seperti penampilan ini.

Aku yang malih rupa menjadi ular
menyelinap ke dalam semak
menikmati makanan yang dikumpulkannya

Ular yang malih rupa menjadi aku

melangkah masuk ke dalam rumah
menemui bini garang dan anakku yang engkar perintah

Aku Mencintai Loh

1

Aku mencintai Loh tapi Loh, tak mencintaiku
tahun-tahun itu, dia pernah mencintai Shen, Zan dan Zhou,
namun tak pernah dia mencintai pada Liu, biarpun sekelumit.

Adakah kau tahu kucing yang membabi-buta, masih boleh menangkap tikus?
maka mengertilah kau, kenapa aku mencintai Loh.
walaupun ada ikan, dan bahagia mendapat makanan kucing dalam tin.

Betapa lamanya: Sudah berlalu. Aku masih senyap-senyap
mengikuti perkembangan facebook Loh, merenungnya yang berusia empat puluh
  lima tahun.
memikirkan ketika itu, atau sekarang, aku mencintai Loh

2

Aku mencintai Loh. Ah, tahi lalat pada lehernya, berbibir tebal
dan bau bunga gardenia. Berterusan dibawa ke mari
dari Tasik Lan Tan yang jauh, pada sebuah sore ketika usia tujuh belas tahun

Loh selalunya berteman lelaki, tapi tidak termasuk aku.
walaupun dia pernah di tepi kolam pancutan air yang warna-warni seraya berkata
  dengan serius:
"aku pasti, kau adalah temanku seumur hidup."

Aku mencintai Loh. Dia pernah mengharungi jalan bukit enam puluh batu. membawa kereta ke kampung lembah berjumpaku, ketika itu aku sudah berumahtangga bahagia. Dan ada iras kegelisahan dimatanya

3
Ikan paus mengadap lautan, kupu-kupu melanggar api. Bayu menyusup hutan
pokok pinus, aku mencintai
Loh. Madu di mata pisau, garam di bibir. Kucing kehilangan peluang,
dewa-dewi membungkam. Burung terjerat jala, ikan melahap mata kail, dan aku

. . . mencintai Loh.

Oposisi Musytari

Pada hari persatuan penyair dibubarkan
bukit di kejauhan bersenyum
anjing menyalak ganas
azalea di luar pejabat persatuan berubah dari putih anggun menjadi warna garang
 menawan
aku menurunkan sebuah lampu taufan yang besar
membawa balik ke apartmen kecil yang disewa
menyalakan rokok
dengan api yang tersisa
menghamparkan kertas lalu menulis:
"malam ini, jarak Musytari paling mendekati bumi
namun kau dan aku sisih sekali"

Puisi Tak Bisa

Puisi tak bisa menyembuhkan.
(kadang kala, kau hanya perlukan sebilah pisau paling kecil. Bukan kumpulan
    puisi.)
Aksara tak kuasa memapah sekuntum bunga gugur kembali ke posisi asalnya
(Di bawah sinar rembulan, ada sosok mengeluarkan pisau menakik kulit pokok
    perlahan-lahan, lalu memahatkan lambang salib.)
Jeritan tak pernah dapat menahan gigi taring atau tangan yang memegang pisau.
Malah puisi tak bisa membongkar apa-apa.
Menulis bukanlah jarum atau benang. Dunia adalah indah gemerlapan dan caca
    murba.
Tapi puisi tiada tanggungjawab menjahitkannya.
(Dewi Guan Yin nun jauh di puncak gunung, popi berada dalam sawah popi.)
Suasana malam bergelora. Suasana malam sayu dan menyesatkan. Suasana malam
    berundur.
Barang siapa pun tak bisa menyembuhkan luka yang semakin parah dalam diam-
    diam.
Memanjatkan doa tak bisa menyelesaikan dilemma.
Tuhan takkan melarang maksiat. Sementara waktu. Atau buat selama-lamanya
Sebiji tahi lalat pada dada. Mawar mengunjukkan duri. Sarat buku pada rak
    namun kosong dan tiada.
Angin sore tak berpuput. Pokok dan rumput berduyun-duyun. Matahari
    membajak sendirian dada langit
Puisi tak bisa mengadu. Menangkap. Atau mententeramkan.
Malah dia tak bisa bertakziah.

Puisi tak bisa mengubah perasaan membenci hal duniawi kepada mengerti.
Aksara bukanlah ubat menahan kesakitan, gel solekan, cecair peluntur atau cecair
  pemadam.
Ia cuma menukil dan memahat.
Namun tak bertanggungjawab melepaskan beban.

CHAN TAH WEI

Chan Tah Wei (1969-), dilahirkan di Ipoh. Berkelulusan Doktor Falsafah dalam bidang sastera Cina dari *National Taiwan Normal University*. Kini menjawat jawatan Profesor, Jabatan Kesusasteraan Cina, *National Taipei University*. Puisi Chan Tah Wei pada peringkat awal cenderung menyentuh tema sejarah, misalnya mitos dan migrasi orang Cina ke rantau Nanyang. Plot dan teknik pengolahan beliau pula cukup menonjol. Manakala trend perpusian tahun-tahun belakangan lebih segar dan menarik, malah banyak memanfaatkan interteks dan kiasan. Penerbitan beliau antara lain ialah kumpulan puisi *Catatan Prolog Merawat Banjir, Ulangan Kisah Jamuan Hong Men, Negara Kota Berpelesit Di Mana-Mana, Mendekati Ramayana, Ilmu Sihir Dan Selirat Tapak Tangan;* kumpulan prosa berjudul *Nasib Badan Yang Mengalir, Di Belakang Noktah, Suatu Sore Ketika Api Phoenix Membakar, Akasara Bersisikan Kayu Dan Dua Belas Calit.* Kumpulan kertas kerja beliau termasuk *Tomoscan Terhadap Keberadaan: Perbincangan Puisi Luo Men Tema Kota, Unicorn Paling Muda: Sastera Mahua di Taiwan* dan sebagainya.

Bertanya Pada Sang Langit

Berkenaan rekahan semangat yang nyaring, berkenaan loceng
tak henti-henti tertayang logamaya
sudah tentu tak ketinggalan   ayat suci yang tertewas
aku merantau jauh ke sempadan pedupaan
ingin mendengar
Buddha   atau logika mana-mana Bodhisattva

Buddha   entah mampus ke mana?
pabila kegelapan   mengepung ketat bala tentera nekadku
nasib menyerang hendap bagai senjata sulit
kata kerja terbatal
kata fungsi terlolos lari
aku membuta tuli mencari terompet yang tak wujud
sepanduk adalah sang bisu yang lebih membuta tuli   meraung dalam hujan

Kata-kata "Menurut pengetahuan aku, demikian aku dengar dari ajaran
    Buddha"kekal sejak dahulu lagi
dengan demikian: kebanyakan dari cerita Buddha hidup bergenerasi
        sebahagian kecil dari kami
segala makhluk dunia yang termasuk dalam kitaran hukum karma
dihiris lalu diarkibkan
kecuaianku
kebiadabanku dihitung dengan teliti
bilang Buddha: tanah murni atau neraka

perangkap jarang tapi efektif milik lembaga hasil dan cukai

Setanggi dalam dupa baru dinyalakan   seluruh alam telah merasai harumannya
kesangsian ku membesar   tak terenungkan
gagal menyokong isipadu sebenar kebaikan dan keburukan
sepenuh kertas adalah Mahā-Prajñā-pāramitā
memberhentikan sementara
diam semua
ingin kumendengar
Buddha atau mana-mana Bodhisattva   menyampaikan Dharma dengan suara
    lantang

Panji Lung-ta

Langit dalam lukisan Thang-ga   terlahir di sini
    selonggok unggun api memadai untuk menyalakan
        keseluruhan Tibet
        cuma beberapa ekor kambing
    dan beberapa relung tanaman barli Tibet
mangkuk kosong santapan roti tsamba yang belum dibasuh
      itulah keseluruhan   keseluruhan Tibet

Sebuah cap tangan   telah mengubah alam semesta
isu dan rahsia asal
sains disisihkan
mengucapkan mantra   adalah alkohol paling sadar di daerah bersalji
akhirnya   Buddha tak berkata apa-apa
lalu duduk   memanjai yak
sembari mengomong tentang hasil tanaman
dan kemiskinan hari-hari yang getir

Pada sayap kapal induk kosong kau kusyuk bermeditasi
pada celah-celah antara stupa dengan stupa
menggantungkan selapisan oksigen tipis
sehelai panji lung-ta
Buddha   ketika melintas lalu
syaitan   ketika melintas lalu
terlihat oleh mu

segala hasrat dan cita seumur hidup ini

Seluruh Tibet   kegersangan yang penuh
kitab suci Buddha adalah labyrinth si buta huruf
pengkebumian langit adalah laluan keluar
situasinya sama seperti analisa Dewa Bodhisattva Tara
riwayat kau dalam dunia ini
adalah hidup mendatang   sebuah babak latihan yang tewas

Sebuah Sore Di Hugh Low Street

Siapa boleh terjemahkan: pagi yang beranggota lembut dan fleksibel
tiga bahasa dengan ukuran tepi tak sekata
masing-masing menanti   sebuah bas awam yang sama
masing-masing bercerita   nisbah emas sepanjang sebatang jalan yang sama
sebahagian butiran bergelut di celah-celah gigi
terpesong   kemudian dipermudahkan lagi

Jarak jalan pekan sepanjang 2.33 batu
isi kedai penuh ditawan emas
harga berjalan-jalan iseng   tak pernah risau
penjahat menyamun
pelbagai fikiran jahat ditakutkan si jambang besar   lalu kembali ke tempat asal
zaman remajaku namun enggan menuruti sepenuh hati
mencontohi paku   menggigit kuat pada muka dinding enggan melepaskan
usia dan parit tak bertutup bergerak seiringan
kemudian aku ketemu kaum tua beberapa ekor tikus kelabu
cereka memberitahu kepanjangan dirinya
seperti kain segelung   harganya tetap murah

Setelah pertelagahan beratus tahun
bahasa Inggeris   memperoleh salasilah darah kacukan keseluruhannya
negara imperial yang kurus panjang
dengan senang hati diserahkan kepada   pengawal Punjabi berjambang besar
menjaga kedai emas   toko kain

sentuhan mempersonakan zaman penjajah lama
fikir tauke: sudah masanya menukar orang
fikiran sedemikian   secepatnya dihentam
sampai hancur berkecai

Telah orang tua bilang: sekeras-kerasnya
batu-bata untuk mendirikan rumah pada zaman itu
tak ubah laksana kereta kebal
namun siapa dapat memberitahu asal-usulnya?
pokok beringin tua
dan warung dua puluh tahun dulu
jejaka India yang menjual air batu cendol belum pun berusia tiga puluh
puas aku menikmati beberapa mangkuk
barulah lapang hati mendepani   cuaca bersuhu 35 sore itu

Jalan pekan lama dalam poskad
terpampang perincian cerita lama   perlahan-lahan mencair
penuh berisi   lemak rendah
bahasa kasar yang berkalsium tinggi
semuanya tiba sepenuhnya
cuma Tuan Hugh Low   entah bersiar-siar sampai ke mana

Berseru Membangunkan Kenalan Lamanya

Jalan pekan di depan   adalah dialek Kantonis
jalan keenam pula adalah segelas teh susu terjemahan Inggeris yang tepat lagi jitu
selebihnya   bercampur-aduk
tiada langsung   sedikit kualiti pun
menjadikan ceramahku terasa amat letih umpama
bahan logam   ayat dalam perencanaan
bagaikan skru yang tersalah tempat
menggigit mati-matian roda bergear

Kenangan tentang bertolak dari lokasi ketiga   kembali keradangan lagi
aku periksa semula tulang penyambung pada lutut
manca bunyi dari tenaga kudrat yang tak berkelangsungan
mencari dan mendapatkan wasiat:
sebuah catatan tentang kuantiti kandungan timah yang tiada tandingan
sebuah kapal kekurangan gambar lantaran kehancuran sebuah kapal korek buatan
    Inggeris
itu bukan hidup dunia mendatang untuk beberapa keping
keluli   atau hayat dunia terdahulu sebuah kapal buruk
ia adalah perompak benih bijih yang telah merompak sekian ratusan tahun

Masyarakat adalah rumah perlindungan pesakit amnesia
data sejarah adalah anjing   bergelandangan di bandar
sepanjang hari kita mengejar ayat dan kata-kata
berita yang berbau lucah

lapisan harus sedaya upaya
berteriak untuk membangunkan   kenalan lamanya
namun pelan majlis bandaran berkata: semua telah bersara
tasik lombong buatan manusia
segalanya diinkarnasi menjadi ilmu geografi dalam buku teks
berpuluh kawasan kediaman

Mujur masih ada sebuah
jalan kapal korek riwayat hidupnya seperti awan tiada kepastian
namun rasa sentuhannya lebih lembut dari paru-paru dijangkiti barah
lebih licin dari lendir di permukaan lidah
ia semakin kembung mengikut edaran masa dan kian berkembung
gagal melabuh di limbungan puisi
menjadi sebuah pusia yang menenti terkaan
generasi kemudiannya   orang India menutupnya dengan tahi lembu
orang Melayu pula mendirikan dua buah rumah tradisi Melayu
kapal korek   tak ketemui pangkalan data kosa kata perbualan
tiga ratus ribu kaum Cina

Kunjung Tak Padam

Lidah   memasuki musim panas sang ular
memasuki cerita kiasan kebuluran melahap gajah
dalam merindui kampung halaman
aku bertembung dengan keangkuhan   seni masakan yang tak mengenal
   logika
memerintahkan deria rasaberdiri sebelah kaki
pada hujung ketiga kayu penyepit
mendengar minyak menyanyi
melihat api berputar

mengabaikan kucing siam   hantu penanggal   bunga kertas
menunggu perincian yang memjenuhkan
dengan mudah aku menyelidik dan menentukan
kebulur   kunjung tak padam
dari halaman ini mengobrol ke halaman seterusnya
beberapa jenis retorik masakan enak
termuat penuh kerinduan terhadap kampung halaman
dalam dialek Kantonis Ipoh
digoreng dengan api kuat menjadi masakan pedas

Kami punyai terlalu kurang kongsi gelap terlalu banyak
pelanggan makanan
lekas memberikanku   sembilan kata adjektif untuk enak
      lapan perkataan berkenaan pujian terbaik

agar ku bisa menahan penghinaan
dalam kata kasar majikan
menghabiskan goreng kuey teow ala Kwangtung kelas satu
kerinduan terhadap kampung halaman menyamar sebagai kawanan kambing yang
 lazat
berlari di atas lidi bercucuk sate
kata kasar   sengaja dipekakkan telinga

Di Ipoh   mana-mana warung tepi jalan
adalah teman akrab sang perut
sebarang pagi   bisa memperoleh alasan
aku dan abah mengunjungi Restoran Foh San
sekelompok pelanggan   berkumpul di belakang kerusiku
                        disangka adalah roh kerusi
                        generasi mendatang yang menunggu hidangan *siu mai*
lantaran makan   menjadi suatu pemandangan juga adalah ketagihan

Kari Melayu dengan lapisan yang jelas
rasa lidah adalah soalan latihan tadika
kami minum minuman coke yang sama jenama
      bertutur tiga jenis bahasa
      menikmati ribuan jenis masakan
melatih ular sawa dalam cerita kiasan
yang berani melahap gajah

Banyak Menyelitkan Muzik Pasukan Pancaragam

Perayaan ini   bernilai tiga biji bateri lithium
                lapan juta pixel
menapaki muka meja setengah bulan lama
dari membuka sehingga mematikan komputer   menyaksikan kelahiran dewa dan
  pasukan
berkumpul kemudian bersurai

Aku berdiri jauh di depan pagar sekolah st. michael
bangunan stail Inggeris dipadankan dengan penampilan stail Cina
hari-hari yang mencemaskan
dewa dan rakyatnya
berdiri kontras sino-inggeris di kedua belah bahu jalan
paluan alat muzik Cina yang mencemaskan   pokok besar tropika
dan tumbuhan tanduk rusanya
penemuanku berbaloi untuk dikongsikan dengan kau:
dewa Jiuhuangye kami
menyamar dan berada dalam duyunan manusia tepi jalan
mengira nyalaan colok   menghitung berapa bendera besar berlalu tanpa usul
  periksa

Sebuah kelahiran dewa Jiuhuangye
kepercayaan yang matang lebih awal
pada arah 45 darjah sebatang jalan di sudut kiri sebelah atas
dan sudut kanan sebelah atas

melihat ke bawah lelaki dalam pasukan dan keringatnya
siapa berani meragui dewa?
siapa berani kata khabar angin menjadi benar akhirnya?
bagaimanapun shaman dan para pengikut masing-masing ditempatnya
bagaimanapun colok gergasi dan hidangan penyembahan agak laris dijual
segalanya usah terlampau disensasikan   lensa perlulah panjang
namun lidah perlulah pendek

Tiada berapa kerat warga tempatan Ipoh mengambil tahu asal-usulNya
aku merujuk agama
dia merujuk kamus adat
berkali-kali memeriksa dari pintu ke pintu dari rumah ke rumah
dewa   dan arnab telah menghilangkan diri

Dari jauh aku berdiri di depan pagar sekolah st. michael
menjadi tumbuhan tanduk rusa yang pendiam
menyaksikan para dewa berarak
memerhatikan orang gembira bersendirian
diselitkan banyak muzik pancaragam   dan sedikit air batu kepal

Mendekati Ramayana

Semakin, mendekati Ramayana
semakin, mendekati para dewa, semakin
mendekati mati dan hidup, serta syaitan dan iblis
sukar dibayangkan keseluruhan pagi dan sore
terkepung dan diburu oleh para dewa
diserang oleh jarum
pekan pedalaman koma tersandar lemah pada dahi agama hindu

Sedaya-upaya aku mengelak penguasa langit Dewa Subramaniam dari jauh
sang suria adalah milik penganut hindu
kali adalah milik penganut hindu
kesucian dan keseraman   juga adalah
milik penganut hindu
tiada individu yang tak berkenaan dan sebagainya
tiada kemusykilan yang bukan-bukan
mulus semulus-mulusnya
hukuman penyeksaan semulus penjelasan

Segalanya tanpa aturan dan kepercayaan tak dapat dipastikan
menyerah-kalah pada dewa
bandar kelahiranku   tewas dan menyerah
pada hari perayaan dewali   kumpulan otot bahu yang berdenyut kesakitan
mantra melayang rendah mengundang lelap
siapa gerangan   siapa berani menterjemahkan ayat sucinya

menterjemah sehingga mencapai tanah impian gajah putih
dewa menghunus pedang
malam gelap di mana kumpulan syaitan turut menghunuskan pedang

Semakin   mendekati misteri yang tak bisa diwar-warkan
semakin   mendekati kuil deria bau
rumah ibadat teramat sesak
dewa bertaraf rendah tanpa kerusi pengusung   bersepakat keluar dari kediamannya
aku kagum dan merendah diri
rambut ribuan tahun tak bercuci para dewa berlosyen minyak kelapa
(siapa ingin terus pening dalam pengangkutan awam musim perayaan?)
(cepat meninggikan tangan)
dari saluran trakea hingga ke urat bronchi
melolos masuk seekor gajah putih yang suci sesuci-sucinya
    kepala berambut hitam dengan minyak kelapa yang tebal
walhal aku   syaitan itulah yang menunggu penyembelihan

Pengangkutan awam menembusi cahaya mentari
pening menerobosi penerangan yang sadar
kami semakin   mendekati kampung baru bentong
kami semakin   menghampiri kuil hindu
                serta kumpulan perarakan para dewa
seluruh jalan pekan seluruh kali malah segenap kampung
diserang-hendap oleh puisi
dikepung dan diperiksa oleh puisi tradisional ci
aku cuba sedaya-upaya mengimbas kembali   puluhan halaman
kitab Ramayana   adalah sinopsis ceritera yang tak berkaitan dengan realiti depan mata

Berkelana Dalam Perkara Lama

Hanya perkara lama yang degil disimpan sebagai sekeping foto hidup di dunia
   sebelumnya bagi
hanya bukaan lensa skala terbesar
baru memadai perolehi dunia yang sewenang-wenang
pokok gagal dilihat seperti pokok   batu gagal dilihat seperti batu
aku bertegas menggunakan secara manual
hingga di depan dan belakang badan   semua perkara adalah utiliti
masa terdehidrasi
tinggal seinci tipis yang terlalu lemah

Kelibat belakangmu   sementara menunggu penyelarasan orang selepasku
tampak ala kadar sahaja
siapa peduli perincian yang malnutrisi
perincian yang lebih rinci daripada perincian
memang berlebih-lebih   kata kau aku di sana
aku berjalan santai di antara perkara lama
pada hal acuh tak acuh
tak bisa membezakan kertas
sama ada hidup sebelum atau selepas sepohon pokok

Kota perak dalam perkara lama tidak benar-benar memasuki shutterku
aku berada setengah batu di luar sana
menyiapkan penempatan yang aktif tampak seperti hidup   akar   tumbuh ke
   daerah berair

aku menyumbatkan dunia ke dalam mata ikan
dan kau   dimuatkan dalam dunia
dengan nisbah 1:10000
memalsukan model khatulistiwa
memalsukan kesetiaan penuh hujan lebat sebelah sore

Aku meniru nabi   seratus peratus nada yang kalis air
menuliskan kehebatan ilustrasi sebuah gambar
kau akhirnya juga akan masuk ke kota perak dan perkara lamaku
menjadi burung
menjadi pokok
menjadi kerusi yang mengambil angin di bawah pokok dan enggan beredar setelah
  sekian lama

Telah Pergi Bersama Sang Bangau

Bermula dengan peralatan muzik *suo na* warna perang tembaga   kemudian
   masih juga *suo na*
warna perang tembaga   adalah sang Wu Chang wakil pencabut nyawa
bergerak menyanggahi arah suara tangisan dan raungan   demikian kudengar
separuh orang tua dalam pekan
telah dibisukan   kata-kata sial semuanya ditelan kembali
orang tua seperti kabur asap kelabu
telah pergi bersama sang bangau

Aku mengebarkan ketakutanku   dengan perisai tanker corak harimau
menempatkan kubu pertahanan untuk melawan sang Wu Chang
nenda   dengan mudah melangkah keluar
berbaju kot kemas   berdiri di hujung lorong
telah diberitahu sang bangau dalam perjalanan
dari jauh sudah kedengaran sayap yang mesra   mampir menjemputnya
beliau menulis dalam buku memori bondaku
kata-kata rahmat dan bertuah
bentuk karekter kemas   penggunaan diksi simpel namun padat

Aku menanyainya apa yang harus diucapkan dalam belangsungkawa
dia menanyaiku mau menulis apa dalam prosa

Nenda menoleh   memesan set sarapan pagi datuk perempuan untuk hidup akan
   datang

telah menyuarakan tak puas hati tentang kain baju kot yang terlalu keras
selebihnya
diserahkan kepada rakaman piring hitam dan tiga butir pingat
anugerah raja
bonda mengerti kata-kata wasiat   memainkan muzik pancaragam warna perang
  tembaga
nenda mengangguk setuju
lalu pun pergi bersama sang bangau

Meninggalkan dataran serta kelompongan yang bersegi
aku berzikir dalam kemarakan api
entah berguna entah tidak mantra maha karuna
aku sedaya-upaya mengecilkan saiz duka nestapa
dihimpit-tipis   dilekatkan setem
menyerahkan kepada pekerja tua: tolong
bawalah sama   bila pergi mengikut bangau   tolong

Lebih Ringan Dari Khabar Angin

Doa Sutra Tripitaka nenda   selalu diertikan sebagai tangga berkerikil bulat pada
   hari mendung
kelembapan yang maha belas kasihan
lumut adalah bait pemindahan pahala yang terkumpul berterusan
hantu selamanya basah   dan bersuhu rendah
mendekati tanpa ramah mesra   tema kegelapan di mana orang asing tak berani
   menyentuh
mereka gemar membawa sama hujan olok-olok
hujan adalah barang keperluan

Mereka menghayati sutra   mereka malas berulang-alik
menginap di aras dua buat sementara   bagaikan jubin melekap ketat pada
   dinding bilik air
lantai tetap basah selamanya
mimpiku   dari semasa ke semasa ada hantu masuk dan menampil diri
atau mengejar dengan kelajuan rendah   ditulis menjadi karangan yang
   bermarkah tinggi
dikembangkan dari setahun ke setahun dengan plot cerita yang rumit
mimpi yang berhantu
adalah ramalan terburuk zaman kanak-kanak
adalah ramalan terelok buat prosa lirik

Prosa lirikku   mula mengumpul semua ramalan terelok
lebih ringan dari khabar angin   berbanding dengan minyak

adalah hantu tua yang licin dalam genggaman
tidak lagi menghamburkan kata-kata kesat   mahu aku mengembalikan kepada
  bentuk asal dengan bahasa
mereka menantikan riwayat hidup yang digembar-gemburkan
mereka menantikan sepatu yang sesuai dengan kaki
tapi tiada orang malah tiada hantu bisa menjamin
kesemuanya sahih
kumpulan keluang yang melewati sebelum hujan
periuk hitam nenek tukang sihir   masakan mi wantan kering tuan kedai
juga tak bisa menjamin apa-apa

Aku tak bisa membaca dengan kuat
hantu memegang pen pun tak mampu menulis nama dengan baik
ingin bertanya nenda
nenda telah menjadi golongan sasaran pemindahan pahala sutra tripitaka
aku sendirian membawa sama hujan olok-olok   dalam prosa lirik
hujan   adalah barang keperluan
lumut pula   menyimpan diam-diam rahsia yang paling ingin semua orang
  mendedahkan

JING XIANG HAI

Jing Xiang Hai (1976-), lelaki. Anak kelahiran Kota Tao Yuan, Taiwan. Lulusan jurusan perubatan. Kini beliau berkhidmat sebagai doktor pakar psikitrik. Telah menerbitkan kumpulan puisi *Pesalah Buruan, Wad Pesakit Mental, Da Xiong, Tanduk, Mimpi A, Mengembung Setiap Hari*, dan kumpulan prosa berjudul *Mencari Teman Disepanjang Pesisiran, Pekerja Kimpalan Yang Mencantumkan Bima Sakti*.

Sajak Tentang Terpenggal Kepala

Berkenaan mencintaimu
kukerap memikirkan hal ini
namun aku harap bisa mencintaimu
bak penunggang tak berkepala

Berkenaan kebahagiaan
telah banyak kufikirkan
sebarang lalat tak berkepala
malah lebih bahagia daripada aku

(Dipilih kumpulan puisi Wad Pesakit Mental)

Kala Itu Aku Tak Tahu Kau Akan Mati

Kala itu aku tak tahu kau akan mati
malah kunampak harapan dari air mukamu
dedaun dan bunga-bungaan bergentayang, unggas kicau beryanyi
kemilau cahaya matahari menjadi aksi biasa-biasa sahaja
menjalin hubungan dengan dunia

Tak perasan itu adalah perbualan kami yang terakhir
kau berasa telah sembuh
tak payah mengambil ubat lagi
bahawa hidup baru kau baru nak bermula
rupa-rupanya kau telah lama bersedia untuk melabuh tirai
kendatipun panorama indah di luar jendela terus berputar seribu tahun
jiwamu takkan tersentuh lagi

Anak rusa yang pernah terkena panah di seluruh tubuh
tompok-tompok badan menenggelami rasa sepi yang tak terkata bilangannya
aku tahu kami tak wajar menyalahkanmu
sama seperti kau tak wajar menyalahkan kami
serpihan dan kecederaan itu
tak sempat juga memancar terang ke segenap ruang mercun meletup tanda girang
malih rupa menjadi tanduk dengan lancar

Pabila kau menyongsong arah ribuan dan jutaan manusia
mara ke depan sendirian

namun kami tiada di sisimu
saat itu kau tak teringat kami
suasana dunia nampak baik hakikatnya teruk lagi, terbang tinggi yang tak terkira
  apa yang terkorban
kau memilih untuk menerima membunuh segalanya

Barangkali kau sedang melihat orang ramai menangis kerana mu
benar kami dan kau telah berusaha
menghayun kayu namun tak mengenai sasaran
kosmosmu
bagaimana keputusan boleh ditentukan begitu sahaja
biarkanlah mereka yang tak tahu pokok pangkal meneka sendiri
krisis kewangan, terorisme, akhirat
perkara yang menjadi keprihatinan orang yang masih hidup
keseluruhannya menjadi tidak penting

Pulau terputus generasi, hitam sepenuhnya dan pahit
suara dari jauh seperti hari-hari lazim
laksana memberi sesuatu isyarat
tahan sedikit masa lagi, memadai dengan sedikit masa
bisa melalui pintu penghadang
benar aku pernah nampak harapan di air mukamu. . .
keluhan bagaikan kabut tebal, air mata bagaikan tahi bintang
kemanisan kau semakin mencair dalam tirai malam
pada masa itu aku tak tahu kau akan mati

(Dipilih dari kumpulan puisi Mimpi A)

Mesin Penyepit Anak Patung

Siapakah yang perlahan-lahan menyepit aku
ditengah-tengah suasana sunyi dan kelam sekeliling
berikan aku ketinggian
supaya diriku dalam kencang dan desing angin
bertembung dengan zaman berasingan, lalu bergegar dan menggeletar
seketika
tatkala mula berputar melawan arah
segala-galanya cukup disengajakan (tidak menyepit dengan baik)
seolah-olah terasa menyesalkan
melontarkan diriku semula ke alam manusia
dan meneruskan penulisan sajak

(Dipilih dari kumpulan puisi Mimpi A)

Pembalasan Budi Pada Malam Berhujan

Hujan tak sekali-kali membenciku
malah menjilat-jilatku
memberi isyarat memaknakan hubungan istimewa antara kami
ketika itu adalah zaman kecil
aku menghulur tangan
menyelamatkan titis hujan yang ditakdirkan meluluh
adakah ke mari untuk berbalas budi?

Ombak yang tak kunjung henti
dosa yang tak kunjung mati
penampilan luaranku kaku seperti batu terumbu
dalam kalbu sebetulnya petir sambar-menyambar
tiap kali membaca puisi sehingga terkena renjatan karan
maka tahulah aku
itu adalah
abjad yang pernah kutintakan
terjelma menjadi sebuah malam gerimis
kononnya datang untuk membalas budi

(Dipilih dari kumpulan puisi Mimpi A)

Wad Pesakit Mental

Hello, moleknya cuaca
kelmarin termimpikan mengkelar saraf nadi
adakah berjalan lancar?
Sudankah kumpulan mahkluk planet asing itu berangkat
dari bumbung rumah?
kau hari ini masihkah
botol beisi air bersih Dewa Kuan Yin Bodhisatva
yang dilahirkan semula di dunia?
ketika murung
beginilah bergilir memerhatikan akuarium besar di luar jendela
mengacungkan tangan orang dijalanan
serentak melaungkan slogan, "ergh."
sepanjang sore setelah alat pembersih vakum
mengosongkan keseluruhan kamar
turut memikirkan bagaimana diri sendiri disedutkan juga
pabila binatang unicorn berlalu di depan mata
cabutlah tanduknya
dijadikan mikrofon
bakul bunga yang dihadiahkan dari segenap tempat
menjadikan kota ini pasar jualan bunga pada hari cuti
lain kali sama-sama kita
menjadi Presiden, bagaimana?
ByeBye
baik-baik makan ubat ye

Diam, tidakkah kau perasan doktor utama yang kasihan tu
tak menyedari dirinya sendiri
juga sakit?

(Dipilih dari kumpulan puisi Wad Pesakit Mental)

Loceng Penggera

Gelap
kenapa tampak
begitu memilukan
dinding
kenapa begitu sejuk
alat menjolok mata era ini
sebaiknya jangan sentuh, malam ini
entah kenapa kau tertekan punat
menjadikan aku tidak
lesap dalam kesunyian

(Dipilih dari kumpulan puisi Tanduk)

Di Bilik Gim

Kami telah pun bertarung
di bilik gim
keringat basah dan masin
seperti ubat letupan memusnahkan segala-galanya
bercantum, bergabung dan bertindih semula
rohku dan tubuhku
dalam api perang lingkungan seratus km dalam kota
inilah satu-satunya batu keras dan meriam mortar
bergaya berkawad di atas mesin senaman lari
seolah-olah jarak beribu km
baru mula berlari sudah tiba ke garis penghabisan
perarakan di atas lantai papan yang sedikit anjal
kebetulan kedengaran suara melenguh dari tubuhku
berbogel sambil bersemuka dalam besin mandi
teman, aku sebenarnya tidak mengenalimu
demikianlah aku sebagai seorang ahli
dalam puputan bayu malam sebuah era yang gemilang
fokuskan perhatian
pada gerakan membina bukit pada otot di dada dan abdomen
melangkah keluar bilik gim
tubuh yang baru sahaja dibersihkan
terus terdengar suara angin dan hujan menampan tiba
letih lesu, sepi dan sendirian
tumbuh membesar sehari demi sehari

Buat Abah Kalian

Abah, bolehkah aku berterus-terang denganmu?
aku adalah kepunyaan G
berapa peratuskah mirip kami?
abah juga kepunyaan G?
kalau suatu hari aku jatuh cinta dengan seorang jejaka seperti abah
bolehkah memaafkan aku?
terkepung dalam kota yang disarangi lumut
perkelanaan dari bilik gim ke kolam renang
ketika mata bertentang mata
sosok tubuh yang tetiba mengorak kelopak
bagaimana aku kekal diam
"aku cintakanmu"
bukan sekali-kali perkara sulit yang tertanam antara dua orang
kekasih yang bagaimana di belakangku?
kekasih yang bagaimana sudi datang ke bawahku?
kau enggan mengetahuinya? Akulah anakmu
juga adalah komrad dalam api peperangan
pertama kali, izinkan ku
hidup sedemikian rupa
zaman muda telah sampai ke masa yang paling garang warnanya
bisa terpeluwap bila-bila masa
abah, bolehkah aku berterus-terang denganmu?
angin dan hujan di depan masih belum reda
lelaki yang mencintaiku telah tiba

basah seluruh badan, seperti kau
perlahan-lahan mengelap kering tubuhku

(Dipilih dari kumpulan puisi Tanduk)

Si Gemuk Secara Relatif

Individu baik budi yang gempal
dan yang gempal
barangkali adalah simpton gelisah sosial
korupsi yang tak diredai tamadun
lazimnya adalah ego terlebih subur

Secara relatif berbanding dengan fantasi kosong sang bulan matahari dan bintang
secara relatif berbanding dengan panorama memukaukan di puncak gunung
manisan kurniaan air hujan dan kabut
terjepit antara roh dan lemak pada tubuh
kau dan aku adalah si gemuk yang terpaksakan

Pada hujung pisau tajam yang di kikir setiap malam
menjelang kematian yang kurus mendadak
kau dan aku adalah si gemuk dalam jangka masa sekelip mata
(tanpa mengira perkara pahit masa lalu yang bagaimana
seketika kepanasan sudah melimpah ruah)

Secara relatif berbanding dengan pahlawan yang berlari dalam kesepian
kami cuma berasa melekit setelah berpeluh di tempat asal
secara relatif berbanding dengan si pengantuk yang berselindung di dasar perang
seolah-olah kegempalan yang tak berisi
rupa-rupanya sedang menerkam ke arah kita

angin bersiut sampai kurus sekali
kurus lagi aksiom dan keadilan
kain putih yang menggebar kegelapan
bilakah diselak--
kau dan aku adalah si gemuk secara relatifnya

(Dipilih dari kumpulan puisi Mengembung Setiap Hari)

Dia Tak Menyertai Hari Puisi

(Kuntum-kuntum awan pada pengkebumian Liberia, beberapa lokasi dilanda
  kebakaran hutan di Australia
para penganut bergegas ke Sungai Gangga untuk bermandi dan bertafakur
  sebelum matahari terbit
dia tak menyertai acara hari puisi
dia tak rela mengizinkan orangnya (taufan tornado memukul mangsa yang
  terselamat,
bayi yang terlahir dalam mangkuk tandas diselamatkan)
menggantikan kehadiran bagi pihak puisinya
dia tak membaca puisinya
dia tak fikir kerongkongnya lebih layak
mewakili (golongan demonstran membaling Molotov cocktail ke arah pasukan
  polis anti rusuhan)
puisinya bersuara
(kereta dibaluti salji tebal keseluruhannya,
bulan penuh tengah tergantung tinggi di belakang patung Nabi Isa di Rio de
  Jeneiro)
dia tak menerangkan puisinya
(seekor gajah rebah dilanggar keretapi
seekor anak singa laut terlepas dari baham ikan paus)
dia tak ingin kau sangkakan dia lebih arif daripadamu tentang puisinya--
selain dari puisi, dia juga menjemur gebar kekabu,
berlawan dengan si penjahat. . .
(seorang gadis Palestine duduk dalam rumah yang musnah terkena bom

makan secara diam-diam)
tak perlu dia berpura-pura dengan kau
ada apa-apa yang berbeza.

(Dipilih dari kumpulan puisi Mengembung Setiap Hari)

YANG CHIA-HSIEN

Yang Chia-hsien (1978-), dilahirkan di Kaohsiung, selatan Taiwan. Berkelulusan Doktor Falsafah dari Institut Pengajian Sastera Cina di *National Taiwan University*. Beliau kini adalah Profesor Madya di Jabatan Pengajian Cina, *National Tsinghua University, Taiwan*. Beliau juga adalah perancang utama Pesta Puisi Taipei. Kumpulan puisi yang telah diterbitkan antara lain ialah *Tamadun yang Mendebarkan, Suara Kau Penuh Diisi Masa, Gadis Werther dan Gagak Kencana*. Kumpulan prosa pula termasuk *Bayu Laut, Api Liar dan Bunga, Harmoni Awan, Kuih Madeleine, Kumpulan Kecil Gunung Berapi* dan kumpulan pilihan serta sejumlah makalah akademik.

Buah Pir dan Sastera Rusia (Serta Sejarah Cinta)

Makan sebuku hati itu
sebesar buah pir
yang lazim
betapa susah payah
seperti ditetapkan dalam masa semalam
harus habis menelaah
The Brothers Karamazov

Berbaring pada katil sambil menikmati buah pir
sambil menelaah
The Brothers Kamarazov
bayang pir tertayang pada muka
seolah-olah hati kecil ingin berkata
buku begitu tebal, tak larat menghabiskan
barangkali tepat memukul
pada wajah. Engkau tahu
yang dikatakan isi kalbu, adalah yang sukar dihilangkan
lebam dan bengkak
di muka (bukankah ini rupa Fyodor Mikhailovich Dostoyevsky?)

Menggigit dan membuka kulit kuning yang nipis
membuka dengan gigi (yang kau hadiahkan padaku)
hati yang berair
hujung lidah seolah-olah tetiba bangun tidur

menginginkan pasangan
barangkali silap aku memilih baku
aku sebenarnya mahu Anna
ya, *Anna Karenina* baru sebentar tadi
kembali dari keberahian
dan petaka (benarkah dia
sudah kembali)

Terasa sedikit pahit isi berhampiran tangkai
sedikit masam berdekatan biji
hati dan bayangan seolah-olah ditelan bersama-sama
aku tidak tahu-menahu
sepatutnya pergi ke gereja dulu
ataupun pesta berdansa
sepatutnya berkonfesi dulu (mungkin selamat) ataupun
pedulikan biar berdansa dulu
tanjung dekat sedekatnya
apakah cinta adalah
persembahan istimewa yang dilakukan terburu-buru

Kini dalam dada ini terdapat dua jenis degup jantung
bagaikan ranjang yang terlalu sempit
malam yang terlalu singkat
rasa manis diangkat ke paras paling tinggi
semua dawai elektrik kusut (misai Leo Tolstoy)
demi merungkai ketegangan
benakku yang sebesar buah pir

terpaksa dihadiahkan
pada kau--
ubat yang paling kuat dosnya
seperti *The Brothers Kamarazov*
menatap sayu, seperti Anna
dengan gerak tangan dan kematiannya

Di Tebing Bimasakti

Mata kau tersembunyi rembulan kecil yang jamak
kau bergerak, sebaris daun emas mirip sore ini
ingatan yang tegas dan berani:
pergelangan tangan kau terletak di atas setimbun kertas
lutut kau begitu dekat sekali
lukisan arang jaket kau

Bagaimana boleh menahan dari jatuh
buah lemon melepaskan tangan, tepat jatuh menghempap dari tangkainya
bagaimana aku boleh tahu
kesilapan tanggapan ku adalah diriku yang sebenar
bukankah hujan itu pokok reed di bimasakti
susuran itu, mendampingi bayu, yang terbit perlahan-lahan
bukankah naga yang menyusur dalam nyalimu
tiada sisik, tipis haruman, dilarang menangkap

Adakah aku telah mengejutkan kau
atau kau melihatku pening dan jatuh
menyangka rembulan itu adalah
pelantar landasan, menyangka penglihatan kau
adalah pena yang ragu-ragu, membulatkan aku pada kertas
bagaikan kosakata terjemahan yang mengakibatkan kemacetan bahasa

Kadangkala kami meminum arak

darah pun menghasilkan madu
kau menunjuk padaku bunga merak di atas tanjung, lumut kerak dan
ais hancur. Kekadang kau ketawa
menyebabkanku kehilangan berat, ibarat mukjizat sang pertapa

Remeh Temeh

Sehelai bulu halus
tetiba tertolak keluar
dari benang jahitan baju sejuk
rambut mengusut di penutup lubang saluran air
membayangi kehidupan bagaikan air
semudahnya mengalir pergi

Terlampau manja dengan daun gugur
kehilangan kebinatangan
bertarung dengan musim rontok
tatkala dunia terlepas
hujung benang di tangan
terus berjalan, melihat kedalaman di bawah jambatan, lalu melepaskan tangan
melepaskan tali sepuluh tahun dahulu

Dari abu menumbuhkan pokok-pokok
desir angin tak lagi mendeklamasi kekesalan kau
barangkali dengan hati tenang melihat
bunga merah patah tengkuk satu persatu
lebah menyumbangkan duri tunggal
kesakitan menyumbangkan kecantikan

Gembira kerana kamar menumbuhkan
begitu banyak pintu

setiap kali cahaya terang berkalih ke sini
maka akan mengecap semula tompok-tompok
kau tahu pintu bisa tertutup
kau tahu, mereka
mendiami kamar sebelah

Balada Cinta Bulu Kucing

Seperti bulu kucing, ah gerimis
melayang ke sini dan terus melekap
kopi yang kau bancuhkan selalunya tak cukup
panas, gagal mencairkan
bulu berserabutku
di dasar kalbu

Bunyi hujan melungkup
berubah menjadi kulit berbulu, kucing menghadapkan belakangnya
padaku, lebih degil daripada hujan
air kopi telah menyejukkan pandangan kau
lalu sepantas kilat, seperti peluru sesat dalam wayang gambar,
bertalu-talu, namun menyasar jauh

Gugur bulu kucing secara diam-diam
dalam laci kaca kecil ini
barangkali kau adalah tin makanan
aku adalah gunting
namun tajam aku tiada berguna
ketika kau menyimpan diri dengan rapi

Meniru sebuah jamuan besar yang sepi
kucing berada di sudut kucing
aku di meja barmu

kucing menyangka aku adalah pemandangan latar
hujan menyangka aku selamanya takkan lagi
bermakan malam bersamamu

Sila ketawa untukku milikku
tin makanan, biarpun kau bukan makanan
adalah guntur kecil yang bisu
aku bukan gunting, sebenarnya awan
mencintai kau dalam laci kecil ini
seperti bulu kucing mencintai segala-galanya

Seteru Olok-olok

Di sini, belos yang bekerja semalam-malaman
memampatkan dirinya sendiri, aku
dalam diri sendirinya, kotak hitam dalam diriku
adalah paru-paru seperti liang lombong
adalah jirat yang tergenang air

Dia telah mencabut kekunci piano
serentak menanggalkan jariku

Argh, roh yang penakut
ketika aku menyembah tanah dengan dahi
seperti Jibrael tercomot wajah
ketika lampu penerang
tetiba dipadamkan

Di dalam diriku
gelagah tersembunyi
band semesta yang terakhir
aliran udara sedang mengalir deras
betapa hati berdebar, seolah-olah
sebiji peluru
perlu ditangkis

Denai Dalam Rimba (Berkunjung Ke Kediaman Leo Tolstoy)

Matahari musim rontok membina puncak kencana
gagak membawa kembali seluruh ujung langit
garisan horizon seribu tahun
dua ratus tahun hutan pokok birch
di antara gubuk usang dan menara telekomunikasi
bertiup angin kurun sembilan belas

Cukup kering padang rumput yang telah lama meningkat usia
pengembara mengecam jejak burung
mengumpul buah epal yang gugur
mendengar didihan air teh membingit
seperti jus pahit buah pokok oak yang tergilis

Kami ke mari, kami belajar berdiri
lama-kelamaan membongkok, kemudian baring
rata seperti krim keju
tanah tebal laksana roti hitam
yang bisa dimiliki adalah
sepotong dalam pinggan

Menyusur denai dalam rimba selama 30 minit
tidak ramai yang memilih denai itu pada zaman itu
kini sarat berbunyi
demi tiba ke bantal sastera

yang dilitupi lumut hijau
untuk mendengar sekelumit ketenangan

Hati yang berhenti mendenyut di tepi perhentian
semua pengembaraan berhalang sang revolusionis
seperti merah ubi bit
bagaikan ubi kentang
berlama di situ, hidup dengan keyakinan kental

Surat Yang Dikirim Ke Sempadan Pada Suatu Hari Musim Rontok

Mengimbau deretan tangga batu itu
tembok kelabu di tepi tangga sesudah dibasahi hujan
paku pakis di luar tembok menengadahkan muka
ayuh dengar, yang dihimpit bunyi dentuman itu
itukah bayang dan makhluk pelik
kelawawar dan kegelapan yang bergandung dengannya
dari diriku serta diriku yang bertentangan dengan
belakangku

Berangan Guiana, Akasia tua, Sycamore tumbuh sebarangan,
bergolak dalam angin, keremehan yang mencemaskan.
berada di luar jendela
gelombang kecil selamanya di tepi daun keladi tengkorak
bulu warna mas tumbuh merata pada lengan paku pakis
bangau malam yang penyabar, air kali yang kurang sabar
lereng itu sesuai untuk bersiar namun tak sesuai untuk bermotorsikal
di luar tambak sana ada bola keranjang jatuh ke bawah, gonggong anjing semakin
    menjauh
kabut musim rontok terkeluar melangkau sempadan
yang masih dikikir pada andas perak
roh kau atau rohku?

Tak terperikan dengan bahasa, hanya meredhai atau sebaliknya,

gempa kuat atau gempa susulan, musim tengkujuh atau kabut malam.
masa empat puluh minit menaiki kereta,
penantian telefon bimbit selama enam saat
tabiat lama yang sukar dikikis tujuh buah pesanan ringkas,
atau pertimbangan cermat selama satu setengah jam sepucuk surat dengan 1047
 biji aksara.
tangan yang ragu-ragu dalam kamar suntingan filem.
bau rokok nipis yang terapung dalam kamar bar tengah malam.
terapung dan berterbangan di bawah pancaran cahaya kuat
adalah habuk, asteroid, tekad yang ulang-alik dan mengejar

Bereksesais

Kukira aku telah ketemui
inspirasi yang paling hebat
dalam puisi, kau menyamai kalian lampu jalanan
musim tengkujuh, matahari terlesap
nimbus bulan pada malam bercuaca baik-- kau adalah
ayah mereka

Aku senang dengan kelewatan
senang dikuarantinkan (akukah menjangkiti kau atau
kau memang penyakit itu) pengasingan yang biasa
tentunya aku tenang
menyentuh secara tenang, kemudian
langsung runtuh

Bunga yang tak terdugakan
sederas melintasi berandah, bidadari bersayap hijau
muka lorong yang biasa-biasa sahaja
warung mee yang pernah kau komen
tetiba, berubah menjadi peta khazanah
koyak kerana terlalu kerap dilipat, panorama
benang jahitan berdesiran

Malah aku sangsi pada kali seterusnya
sebelum bersua muka

pernah aku hidup kembali
rambut tersisa habuk arang batu
masih terdapat duri di bahagian bahu
aku tak gentar apa-apa (benarkah)
sekalipun kau bagaikan bilah tajam
terhunus ke ribaku

Bingkisan Hati

Yang pernahku berikan pada kau
jangan kau kembalikan lagi
usia berhenti kemudian berlalu pergi
pernah berubah dalam musim panas berulang-ulang
asap perang dan cahaya kelip-kelip
apa yang kau tak berikan padaku
rupanya sedari awal telahku
berlipat ganda berikan pada kau

Penyanyi otai yang kau gemari
menjadi lebih tua sekian lama masa berlalu, kami selamanya tak pernah
mengunjungi teluk bersama-sama
ditambak menjadi lebih kecil
isyarat badai no. 8 berulang-ulang
gempa bumi berubah-ubah
telah menimbus sekian peluru
sukar terelakkan dalam dunia sementara
terapung dada

kamar yang pernah didiami
masih bisa jelas melihat dinihari
memadamkan tambak satu persatu
deretan lampu itukah
yang kau lakarkan semula untukku

dalam surat, kau menjadikan senario yang tak berubah menjadi
bingkisan hati
kau berpindah dari kamar itu
terdapat surat bersama bingkisan hati, tapi sang penukil surat
telah tiada

Kau sebenarnya takut menjadi tua
tapi kau memang telah meningkat usia
yang aku berikan padamu
apakah telah diberikan kepada masa
dan apa yang dianugerahkan oleh masa
kau dengan murah hati
berikan padaku awal-awal lagi

Menunggu Sekeping Poskad Dari Hong Kong

Sebuah kepulangan dan pemergian
pada zaman tak semudah diputuskan
flora tropika masih subur melata
bisikan umpama nyamuk yang bertebaran dalam udara
ujar kau, tiba-tiba ternampak dalam bunga api
meletup sontak: bidadari jatuh ke bawah
dan sorak riang kebetulan mengatasi segalanya

Masihkah zodiak yang lama
beredaran menyusuri landasan zaman purba
terasa sedikit sejuk, tatkala hujan ribut kunjung tanpa sebarang isyarat
menghempas jendela kaca toko buku
batang neon seperti gincu cair perlahan-lahan
sesudah pesta perayaan, barangkali kau lebih sepi dan menyendiri
bagaikan puntung rokok dihisap setengah kerat
terbiar pada sisi alam mimpi, bergemerlapan sendiri

Masa terus menapai, dari dalam cermin
mencari bintik-bintik fros yang menumbuh pada rambut
menerawang bau masam di jalan pekan musim panas
rabung kaca bergelombang
kami menduduki bahagian tanjung yang berlainan, sekadar mengetahui
raut muka bandar masing-masing dalam tajuk berita
betapa ragu-ragu arah angin

Poskad yang pernah kau taburkan janji
masih belum tiba. Bagaikan pelabuhan senjakala
seekor camar menatap ombak
apakah yang cuba dikatakan tulisanmu
kabut tebal membayangi laluan air, seolah-olah melawan
sayup-sayup kedengaran bunyi peluit membajak memecahkan keheningan.